Die 12 Richtungen des Denkens

Entwürfe für die Zukunft – Band 14

Kontakt: www.HarryEilenstein.de
Harry.Eilenstein@web.de
Harry Eilenstein bei youtube

Impressum: Copyright: 2022 by Harry Eilenstein – Alle Rechte, insbesondere auch das der Übersetzung, vorbehalten. Kein Teil des Buches darf ohne schriftliche Genehmigung des Autors und des Verlages (nicht als Fotokopie, Mikrofilm, auf elektronischen Datenträgern oder im Internet) reproduziert, übersetzt, gespeichert oder verbreitet werden.

Verlag: BoD · Books on Demand GmbH, Überseering 33, 22297 Hamburg,
bod@bod.de
Druck: Libri Plureos GmbH, Friedensallee 273, 22763 Hamburg

ISBN: 978-3-8192-0973-4

Inhaltsübersicht

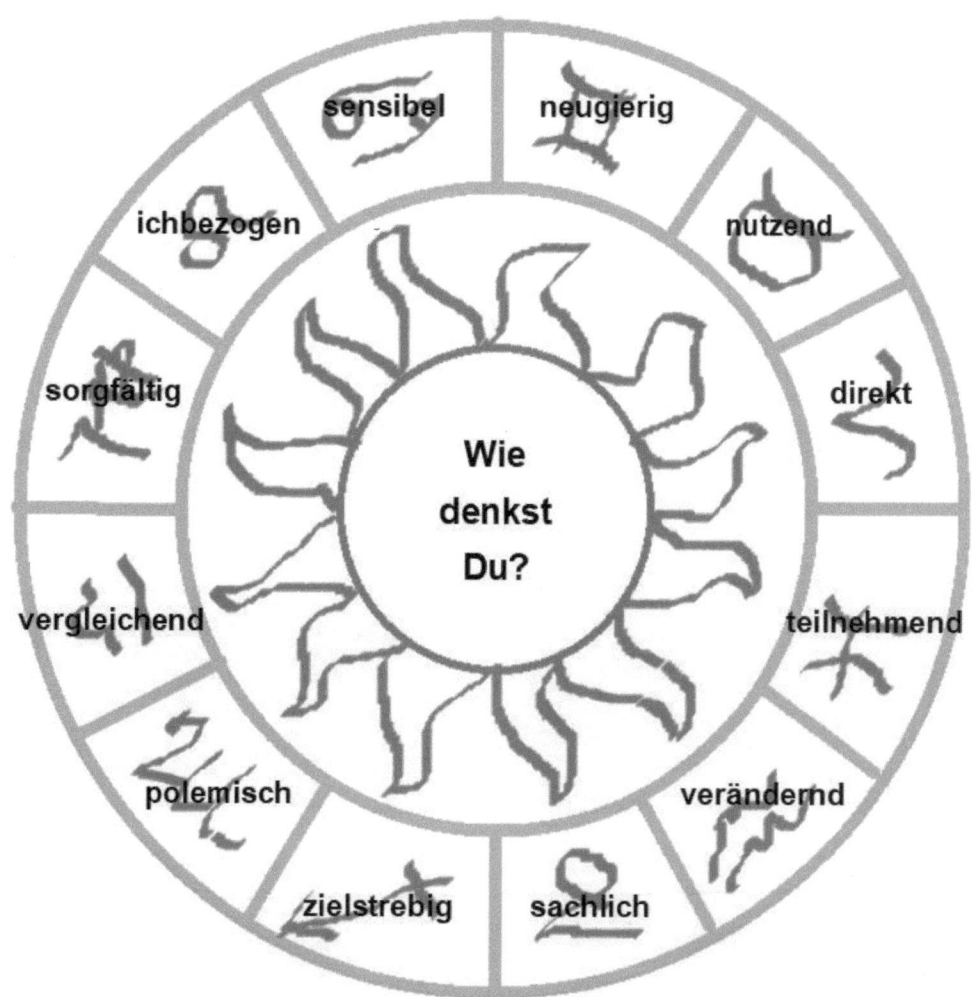

Vorwort

In diesem Buch werden zwölf Arten des Denkens beschrieben. Diese zwölf Denkweisen entsprechen dem Vorgehen der zwölf Tierkreiszeichen. Jede dieser zwölf Arten des Denkens in sich schlüssig und führt zum Ziel – allerdings ist jede Art des Denkens vor allem auch zum Erreichen einer bestimmten Art von Ziel und für eine bestimmte Lebensweise geeignet, die eben dem betreffenden Tierkreiszeichen entspricht.

Man kann jetzt allerdings nicht sagen, dass alle Krebse wie der in diesem Buch beschrieben Krebs-Stil denken. Das liegt daran, dass die Sonne (das eigene Tierkreiszeichen) nicht für das Denken zuständig ist, sondern der Merkur. Da der Merkur jedoch stets in der Nähe der Sonne steht und in ungefähr der Hälfte der Fälle auch im Krebs steht, wenn man ein Krebs ist, haben ungefähr die Hälfte der Krebse auch im Denken den Stil des Krebses.

Man sollte jedoch unabhängig von seinem Sternzeichen schauen, welchen Denk-Stil man selber hat – oder der Mensch, dessen Worte man immer nur mit viel Mühe begreifen kann. Wenn man es ganz genau nimmt, müsste man sich natürlich das ganze Horoskop anschauen, da der Merkur auch noch Beziehungen zu den anderen Planeten, d.h. zu den anderen Fähigkeiten des Menschen hat.

Aber die zwölf Beschreibungen in diesem Buch sollen auch nur eine erste Orientierung dazu sein, wie grundverschieden man denken kann.

Warum 12?

Alle Bücher dieser Reihe haben genau 12 Kapitel – was sich ja auch in den Titeln dieser Bücher widerspiegelt. Warum?

In diesen Büchern wird der Tierkreis als Matrix von 12 verschiedenen Sichtweisen auf die Welt verwendet, um das Thema des Buches möglichst umfassend in 12 Kapiteln zu betrachten. Dadurch wird eine ausgewogenere, umfassendere und tiefere Einsicht in das jeweilige Thema erlangt als es ohne ein solches Raster, ohne eine solche Matrix möglich wäre.

Der Tierkreis wird in dieser Buch-Reihe als Forschungs-Hilfsmittel benutzt, durch das die Einseitigkeiten in der Betrachtung zumindest vermindert werden können. Weiterhin werden durch dieses Vorgehen diese 12 Sichtweisen auch als Ergänzungen zueinander, als organische Teile eines Ganzen deutlich.

Die Inspiration zu diesem Vorgehen stammt aus Hermann Hesses Roman „Das Glasperlenspiel", für das er 1946 den Literatur-Nobelpreis erhielt. In diesem Roman beschreibt er die öffentlichen Darstellungen von Übersichten und Gesamtbetrachtungen, die mithilfe von verschiedenen allgemeinen Strukturen wie z.B. dem Ba Gua aus dem chinesischen Feng-Shui angefertigt und aufgeführt werden.

Diese Buch-Reihe ist ein Versuch, Hesse's Idee im ganz Kleinen konkret zu verwirklichen.

Die Blickwinkel der 12 Tierkreiszeichen sind:

Zeichen	Name	Blickwinkel
♈	Widder:	Spontaner
♉	Stier:	Genießer
♊	Zwilling:	Neugieriger
♋	Krebs:	Familienmensch
♌	Löwe:	Egozentriker
♍	Jungfrau:	Handwerker
♎	Waage:	Schöngeist
♏	Skorpion:	Tiefgründiger
♐	Schütze:	Idealist
♑	Steinbock:	Realist
♒	Wassermann:	Theoretiker
♓	Fische:	Träumer

1. direkt

♈

Die Widder-Art des Denkens ist sehr direkt, schlicht, vereinfachend und will die Dinge auf den Punkt bringen. Er ist eher der optische Typ, der sich an dem orientiert, was er sieht. Er wartet nicht lange, sondern macht – vom Sehen über das Denken zum Tun ist bei ihm kein langer Weg, denn schließlich will er etwas erreichen. Folglich ist diese Form des Denkens an einem selber orientiert und eigenständig. Dissonanzen und Widersprüche wecken ihn auf und er kann das Gesagte so nicht stehen lassen und widerspricht heftig – das gilt auch schon für einzelne Details. Ihn überzeugen nur Tatsachen, also Taten, und wenn er einmal etwas erlebt hat, ist er auch schon überzeugt. Er neigt dazu, die Möglichkeiten und das Potential zum Handeln zu sehen und ist daher auch eher der „das Glas ist halbvoll"-Typ. Generell ist er sehr unabhängig und eigenständig.

a) Motivation

Der Widder will, wenn er denkt, etwas erreichen – das Denken ist für ihn immer nur die Vorstufe zum Handeln. Er denkt, um ein Hindernis aus dem Weg zu räumen oder um eine Brücke zu etwas hin zu bauen. Das Denken ist immer nur ein Werkzeug und eine Waffe, die man benutzt, um eine Ziel zu erreichen. Daher bezieht sich das Denken bei ihm immer nur auf die konkrete vorliegende Situation. Natürlich kann er auch in größeren Zusammenhängen denken, aber auch dann ist das eigentlich Ziel stets ganz schlicht und direkt und an dem Werkzeug/Waffen-Charakter des Denkens und des Sprechens und Schreibens ändert sich dadurch nichts.

b) Zufriedenheit

Der Widder ist mit seinem Denken zufrieden, wenn er mit seinem Denken, Reden und Schreiben sein Ziele reicht hat. Er ist ebenfalls zufrieden, wenn er es geschafft hat, eine komplexe Situation auf die einfache Frage „Ja oder nein?" herunterzubrechen. Er ist im Denken ein wenig wie Alexander der Große, der den Gordischen Knoten nicht durch langes Tüfteln gelöst hat, sondern durch einen kräftigen Schwerthieb. Wenn das Ziel erreicht worden ist, war das Denken richtig – das ist der einzige Maßstab für die Bewertung des Denkens und seiner Richtigkeit.

c) Beweglichkeit

Der Widder ist sehr schnell in seiner Auffassungsgabe und in seinem Denken und wenn sich die Umstände ändern, ändern er auch sofort sein Bild von der Situation die Richtung seines Denkens, seine Ansichten und daher auch sein Handeln. Er hängt nicht an dem Alten, sondern ist immer ganz im Hier und Jetzt. Daher ist sein Denken gut für Lebensumstände geeignet, die sich ständig ändern wie des Jägers, des Staubsauger-Vertreters, des Feuerwehrmannes oder der Kindergärtnerin – also für alle Bereiche, in denen ständig Unvorhergesehenes geschieht und in denen man ständig mit neuen Menschen zu tun hat.

d) Einheiten

Die Grundeinheiten, in denen der Widder denkt, sind die einzelne Dinge und die einzelnen Augenblicke. Jeder Augenblick und jede Situation sind neu – jeder Mensch und jedes Ding ist wieder anders als alle anderen Menschen und Dinge. Das Denken richtet sich daher auf das Einzelne. Folglich wird auch stets nach der einen Sache oder dem einen Menschen gesucht, von dem die weitere Entwicklung abhängt. Diesen einen Menschen oder diese einzelne Sache gilt es zu erkennen und so zu verändern, dass die Dinge in die gewünschte Richtung laufen. Er sucht wie Archimedes nach dem einen Punkt, von dem aus er die Welt aushebeln kann.

e) Verknüpfungen

Der Widder verbindet zwei Informationen miteinander, indem er die Wichtigere von beiden auswählt und über sie nachdenkt. Er verallgemeinert nicht, verbindet nicht, abstrahiert nicht. Natürlich greift auch er auf frühere Erfahrungen zurück, aber nur um eine erste Einschätzung zu erlangen. Danach schaut er sich die Sache selber an und prüft, wo ihr Schwachpunkt ist, an der er sie verändern, aus dem Weg räumen oder erobern kann. Er betrachtet das Einzelne, nicht da Ganze. Komplexe Dinge sind ihm ein Gräuel und er vereinfacht sie soweit, dass sie wieder zu einer „Ja oder nein?"-Frage werden. Dann kann er entscheiden.

f) Qualitäten

Die Qualitäten, an denen sich der Widder beim Denken orientiert, sind die Wichtigkeiten der einzelnen Menschen oder Aspekte in einer Situation – und dann richtet er seine gesamte Verstandes-Kraft auf diese eine Sache aus, um von dieser Sache aus das Ganze zu verändern. „Alles auf eine Karte setzen" ist die Grundstrategie des Widders – auch im Denken. „Alles oder nichts!" ist seine Taktik. Generell ist er ein Taktiker, aber kein Stratege, d.h. er hat einen Plan für den aktuellen Augenblick, aber keinen Plan für die nächsten fünf Jahre. Es muss stets der nächste Schritt getan werden – ganz wie Konfutse das beschrieben hat – und um diesen nächsten Schritt kümmert er sich.

g) Weltbild

Der Widder sieht die Welt punktuell. Das Weltgeschehen ist eine große Fülle von Einzelereignissen, die alle auch einzeln betrachtet werden müssen. Und wer weiß, ob nicht das nächste Mal in einer eigentlich vertrauten Situation alles auf einmal ganz anders ist? Daher kümmert sich das Denken stets um das, was gerade am wichtigsten ist – und es kümmert sich nur um diese eine Sache, die gerade am wichtigsten ist. Aufspaltung und Verzettelung mindert nur die Geisteskraft, also die Konzentration – und dann gelangt das Denken zu minderwertigen Ergebnissen. Also ist ein Weltbild zwar so etwas wie ein diffuser Hintergrund des Denkens, aber die eigentliche Aufmerksamkeit wird immer auf das aktuell vorliegende Problem oder die aktuelle vorliegende Möglichkeit ausgerichtet.

h) Gemeinschaft

In einer Gemeinschaft hat der Widder durch seine Art des Denkens die Aufgabe, Impulse zu setzen, Probleme anzugehen, Missstände unverblümt anzusprechen, veraltete Gewohnheiten anzuprangern und dergleichen mehr. Er bringt die neuen, frischen

Impulse in das System, weckt die erlahmte Initiative, bringt Schwung in die Sache und sagt einfach immer, wie es ist. Dadurch kann er sich bei den eher Behäbigen ziemlich unbeliebt machen, aber er ist notwendig, damit die betreffende Gemeinschaft nicht verkümmert, veraltet und schließlich funktionsunfähig wird.

i) Verwendung

Der Widder verwendet das Denken, um die Notwendigkeiten zu erkennen und ebenso, um die Erfolg oder Lust versprechenden Möglichkeiten zu erkennen. Das Denken ist der Handlanger des Handelns. Mit dem Denken wird das Einzelne in seiner ganzen Eigenart erkannt und folglich auch in sinnvoller Weise genutzt. Der einzelne Mensch wird in seinem Charakter genau erkannt, weil man nicht verallgemeinert. Ebenso wird die Qualität eines Spatens in seiner Eigenart genau erkannt, weil man auch nicht diesen einen Spaten zu „Alle Spaten sind …" verallgemeinert. Dadurch entsteht eine große Effektivität in den einzelnen, konkreten Situationen.

j) Niedriges Niveau

Die klassische Art von Irrtümern der Widder sind die zu großen Vereinfachungen, die wesentliche Zusammenhänge übersehen. Dann stürmt man aufgrund einer Fehleinschätzung los und stellt dann fest, dass da vor einem keine Tür, sondern eine Wand gewesen ist. Auch Übereile oder die fälschliche Überzeugung, dass man bereits alle relevanten Aspekte betrachtet hat, können zu Irrtümern und Fehlschlägen führen. Eine weitere Möglichkeit ist eine zu große Naïvität oder Gutgläubigkeit, die nicht die Tiefe der Situation und die Hintergründigkeit der Absichten mancher Beteiligter erfasst hat. Die Schlichtheit und Einfachheit ist die Stärke des Widders, aber wenn es zu schlicht und einfach wird, wird es problematisch.

k) Hohes Niveau

Überdurchschnittlich begabte Widder erkennt man daran, dass sie eine große Initiative besitzen und in der Lage sind, in neue Richtungen zu denken, neue Wege zu sehen und bislang unentdeckte Möglichkeiten ausfindig zu machen. Außerdem haben sie großen Mut und sind in der Lage, neue Gedankengänge zu verfolgen und ihre

Richtigkeit vehement zu verteidigen. Dadurch können sie zu Entdeckern werden – oftmals zu Entdeckern von Dingen, die nach der Entdeckung von allen für eigentlich offensichtlich gehalten werden, weshalb sich viele wundern, wieso das vorher noch niemand gesehen hat.

l) Bild

Der Widder denkt spontan und direkt. Er ist wie ein kleines Kind, dass etwas zum ersten Mal sieht und es dann mit naïven, schlichten Worten beschreibt und die Möglichkeiten dieser Sache erkennt – auch die Möglichkeiten, die andere noch nicht gesehen haben, weil sie die betreffende Sache in eine bestimmte Schublade in ihrem Weltbild gesteckt haben anstatt sie wie ein Kind frisch und unvoreingenommen zu betrachten. Warum nicht ein Nudelsieb als Ritterhelm benutzen? Warum sich nicht die Pinselhaare als Schnurrbart an die Oberlippe kleben? Warum nicht mal probieren wie Kellerasseln schmecken?

2. nutzend

♉

Die Stier-Art des Denkens ist eher langsam und gründlich und stets auf den konkreten Nutzen ausgerichtet. Bei diesem Denk-Stil blickt man auf die Dinge im Außen und strebt die eigene Absicherung sowie die Harmonie im Innenbereich und mit dem Außen an. Man schaut auf das Ganze und urteilt dann, was am besten zu tun ist. Bei diese Art des Denkens ist man von dem als real vorhanden überzeugt, was man sehen und anfassen kann – was in konkreter, physischer Form vorliegt. Man braucht ein intensives Erlebnis, um zu einer Ansicht zu gelangen – doch danach ist man sich in Bezug auf diese Sache auch sicher. Diese Art des Denkens schaut auf das, was angenehm ist und auf das, was unangenehm ist, und versucht dann, den eigenen Besitzstand vor dem Unangenehmen zu schützen. Man reagiert auf das, was einem begegnet, und bemüht sich um Schutz vor dem Schmerzhaften und um Förderung des Genussreichen. Das Denken unterscheidet ganz klar zwischen „meins" und „nicht meins" und richtet seine Aufmerksamkeit auf das „meins". Es kann durchaus kooperativ sein, wenn dies nützlich erscheint. Man hat vorsichtshalber die „das Glas ist halbleer"-Einstellung, um sich vor Verlusten zu schützen.

a) Motivation

Der Stier will etwas erreichen, was ihm nützt. Er beginnt also zu denken, wenn er einen Vorteil ahnt oder wenn er eine Schädigung fürchtet. Er beginnt zu denken, wenn klar ist, wozu das gut sein könnte. Er ist also alles andere als ein Theoretiker. Sein Denken ist daher ein sehr praktisches, alltagstaugliches Denken, das auf die eigenen Vorteile ausgerichtet ist. Warum sollte man denken, wenn dabei nichts herauskommt, was man genießen kann? Das bedeutet, dass der Stier vor allem über konkrete Dinge nachdenkt. Dabei ist er jedoch durchaus auch in der Lage, eine gewisse Abstraktionsebene zu erreichen – z.B. ausgehend von dem Geld in seinem Portemonaise zu Begriffen wie „Kapitel", „Zinsen", „Inflation" und Ähnlichem zu gelangen.

b) Zufriedenheit

Der Stier ist mit seinem Denken zufrieden, wenn er durch sein Denken seine Lage verbessert hat. Das kann der Bau eines Hauses, das Erlangen einer besser bezahlten Arbeit, ein leckeres neues Kochrezept oder auch die erfolgreiche Therapie einer Krankheit sein. Das Denken soll die Situation verbessern – warum sollte man sonst nachdenken? Das Denken ist zufrieden, wenn es einen Sachverhalt klar erfasst, abgegrenzt und in seinem Nutzen überschaut hat, denn dann bringen diese Gedanken einen Vorteil gegenüber dem nicht-Denken.

c) Beweglichkeit

Der Stier ist zunächst einmal in seinem Denken eher ein wenig träge – oder freundlicher formuliert: behäbig-behaglich. Denken strengt an – also braucht es eine Motivation, um mit dem Denken zu beginnen. Seine Form der Beweglichkeit ist die Prüfung, ob zwei Dinge zusammenpassen, ob sie die gleiche Qualität oder eine sich gegenseitig fördernde Qualität haben – das kann er schnell erfassen und setzt diese Erkenntnis dann auch sofort gewinnbringend ein. Seine Beweglichkeit besteht also in seinem Urteil über die Kombinations-Möglichkeiten, die er in einer Situation erkennen kann. Das macht ihn u.a. zu einem sehr guten Koch.

d) Einheiten

Die Grundeinheiten, in denen der Stier denkt, sind konkrete Dinge, die man sehen und anfassen kann. Mit diesen Dingen ist stets auch der Vergleich mit der eigenen Lage verbunden, d.h. der Blick darauf, wie man diese Dinge für sich selber nutzen könnte. Die Dinge „an sich" werden jedoch stets als mögliche Dinge „für mich" betrachtet. Dabei schaut er zum einen nach den ganz handfesten Eigenschaften wie Größe, Gewicht und Material, aber auch nach den subjektiveren Eigenschaften wie Geschmack, Ästhetik, Stil usw. – vor in Hinblick auf die eigenen kulinarischen Vorlieben, den eigenen Einrichtungsstil, die bevorzugten Art von Kleidungsstücken und ähnliches mehr.

e) Verknüpfungen

Der Stier verbindet zwei Informationen miteinander, indem er schaut, ob sie zusammenpassen oder nicht – und wenn sie zusammenpassen, in welcher Weise sie sich ergänzen und dadurch noch nützlicher werden als einzeln. Das führt dazu, dass er auch gut erkennen kann, welche Menschen gut zusammenpassen würden und welche nicht – in Bezug auf gemeinsame Arbeiten, Freundschaften, Beziehungen und ähnliche Verbindungen. Daher kann er Dinge gut arrangieren – angefangen mit einem Kalten Buffet über die Sitzordnung bei einer Hochzeit bis hin zu der Zusammenstellung einer Crew für eine wie auch immer geartete Sondermission.

f) Qualitäten

Die Qualitäten, an denen sich der Stier beim Denken orientiert, sind die Harmonie, das Fördern und das Gedeihen. Er denkt wie ein Gärtner oder wie ein Bauer. Doch das ist nicht nur auf konkrete Dinge beschränkt: Dieses Schönheitsempfinden kann sich durchaus auch auf das Genießen von Lyrik beziehen – auch wenn das Wohlfühlen in einer stilvoll eingerichteten Villa naheliegender ist. Eine wichtige Eigenschaft dieser Art des Denkens ist ihre Bodenständigkeit, die niemals abgehoben oder theoretisch wird, sondern stets ihren klaren Realitätsbezug behält. Dieses Denken schätzt es, wenn die Dinge beständig bleiben, aber wenn es offensichtlich wird, dass etwas geändert werden muss, ist dies Denken durchaus dazu bereit.

g) Weltbild

Der Stier sieht die Welt als eine große Menge von Gegenständen an, die tendenziell alle der Besitz von irgendjemandem sind oder die von irgendjemandem genutzt werden. Dieses Denken schaut auf den Schutz des eigenen Besitzes und auf seine Vermehrung und natürlich auch auf den Genuss dieses Besitzes. Schließlich ist Besitz ja kein Selbstzweck, sondern erhält seine Bedeutung erst dadurch, dass man ihn ihm wohnen kann, sich mit ihm kleiden kann, ihn essen kann, also ihn mit sich selber in Zusammenhang stellt. Sein Weltbild beruht auf der Frage, was wem gehört und wer was nutzen kann.

h) Gemeinschaft

In einer Gemeinschaft hat der Stier durch seine Art des Denkens die Aufgabe, die Gemeinschaft zusammenzuhalten, indem er die Bildung von Untergruppen anregt, in denen die zusammenarbeiten, die jeweils gut zueinander passen. Von seinem Denken her wird er auch dafür sorgen, dass es die passenden Räume für die Gemeinschaft gibt und ebenfalls genügend zu essen und gemütliche Sessel. Er kann generell die Harmonie erhalten und Konflikte entschärfen und er ist durch seine Sichtweise auch für die Posten des Kassenwarts, des Hausmeisters und des Finanzchefs geeignet. Auch Dekorationsaufgaben, Werbung, Imageverbesserungen und Ähnliches sind bei ihm gut aufgehoben.

i) Verwendung

Der Stier verwendet das Denken, um ein konkretes Ziel zu erreichen. Das Denken ist stets Mittel zum Zweck und hat für sich genommen keinen Eigennutz. Der Stier strebt nicht nach abstrakten Erkenntnissen, sondern nach anwendbaren Vorgehensweisen. Das Denken ist dafür da, die vorhandene Situation zu verbessern. Folglich wird das Denken auch nur dann angeregt, wenn die Möglichkeit zu einer Verbesserung, zu einer Harmonisierung oder zu einem vermehrten Wachstum deutlich wird. Wenn es solche Möglichkeiten nicht gibt, wird das Denken als Zeitverschwendung angesehen.

j) Niedriges Niveau

Die klassische Art von Irrtümern des Stiers beruht auf Neid und Gier und generell auf Mangel oder Völlerei, die ihn dazu bringen können, dass er nicht mehr klar denken kann. Ein anderes Problem kann darin bestehen, dass er mit seinem Denken zu sehr an der Materie haftet und nicht zu einem ausreichenden Abstraktionsgrad in der Lage ist. Ein drittes Problem kann durch eine Steigerung seiner Genuss-Orientierung zu einer Harmonie-Sucht entstehen, die verhindert, dass er die tatsächlich vorhandenen Probleme, Krankheiten und Bedrohungen nicht sehen kann – d.h. nicht sehen will. Dieses „den Kopf in den Sand stecken" führt dann jedoch früher oder später zu einem bösen Erwachen.

k) Hohes Niveau

Überdurchschnittlich begabte Stiere erkennt man daran, dass sie auf umsichtige Weise das Potential einer Situation erkennen und darlegen können, wie man dieses Potential Realität werden lassen kann. Sie können dabei die anderen mit einem charmanten Lächeln und Freundlichkeit dahin lenken, wo sie sich aufgrund ihrer Fähigkeiten am besten entfalten und selber gedeihen und zudem für die Gemeinschaft am förderlichsten sein können. Sie sind in der Lage, alle notwendigen Informationen zu sammeln und sie denen, die sie brauchen, zur Verfügung zu stellen – sofern sie sie nicht gleich selber auswerten und weiterverarbeiten.

l) Bild

Der Stier denkt wie ein Sammler und Genießer. Seine Philosophie ist der Hedonismus: Das, was wahr und wichtig ist, erkennt man daran, dass man es von Herzen genießen kann. Er ist wie gutmütiger, etwas beleibter Mann, der wenig denkt, solange es ihm gutgeht und sich lieber über angenehmen Dinge unterhält, der jedoch in Krisenzeiten ein erstaunliches Talent darin entwickelt, die Stadtmauer zu sichern und die Versorgungswege zu der Stadt aufrecht zu erhalten – und selber an keinem Mangel zu leiden oder gar zu darben. Er denkt wie ein Gärtner, ein Koch und ein Bauer: Er strebt nach Gesundheit, Gedeihen und Wohlstand – für sich und für alle, die ihm wichtig sind … und in einem erweiterten Rahmen auch für alle anderen.

3. neugierig

Ⅱ

Die Zwilling-Art des Denkens ist sehr beweglich – man schaut mal hier, mal da und mal dort hinten oder hinter der nächsten Ecke. Diese Neugier führt dazu, dass man erkennt, wie bunt die Welt ist. Dieses Denken ist an dem orientiert, was man gerade am spannendsten findet – darauf geht man dann eigenständig zu und schaut es sich genauer an. Man strebt nach dem Neuen, nach dem Anregenden, nach dem Scherz, nach der Abkürzung, nach der interessanten Wendung, nach der unerwarteten Drehung … Und wenn man mal auf einen Widerspruch stößt, ist auch das interessant, weil man dann die betreffende Sache noch besser als zuvor kennenlernen kann. Damit etwas als wirklich wichtig erscheinen kann, muss es schon mehrmals geschehen – schließlich ist die Welt derartig bunt, dass ein einmaliges Ereignis nicht allzu sehr auffällt. Er ist auf das Hören ausgerichtet und lässt sich auch durch ein gutes Argument überzeugen. Er hat auch Spaß am Kleinen, wenn dieses Kleine unterhaltsame Eigenschaften hat. Er ist ein „das Glas ist halbvoll"-Optimist, der davon ausgeht, dass man für alles eine Lösung finden kann, wenn man sich die Sache nur mal aufmerksam anschaut.

a) Motivation

Der Zwilling will erkunden, wie bunt die Welt ist und was man alles in ihr erleben kann. Er will das Leben vereinfachen, die Wege verkürzen, die Arbeit abwechslungsreicher machen, den Alltag interessanter machen. Daher sucht er ständig nach neuen Möglichkeiten und Vorgehensweisen – darin ist er ausgesprochen findig. Er macht viel – und er macht noch allerlei zwischendurch – und bewahrt dabei fast immer den Überblick. Er will vor allem Spaß haben und unterhalten werden – daher zieht ihn alles Neue an und er lässt sich gerne von dem, was er gerade tut und denkt, ablenken, wenn etwas auftaucht, was noch bunter ist oder eine ganz neue Farbe hat. Bloß keine Eintönigkeit! Wie soll denn da das Denken wach bleiben können?

b) Zufriedenheit

Der Zwilling ist mit seinem Denken zufrieden, wenn er Neues sieht, wenn viel los ist, wenn Informationen hinzukommen, wenn es unerwartete Wendungen gibt und er hilfreich Abkürzungen entdeckt. Der Verstand will nicht rumsitzen, sondern tanzen; er will nicht stricken, sondern Ping-Pong spielen; er will nicht wiederkäuen, sondern Neues entdecken. Je größer die Vielfalt, desto munterer wird der Verstand, desto begeisterter kombiniert er die verschiedensten Dinge miteinander und schaut, was dabei geschieht. Das Denken strebt nicht danach, mit dem Denken fertig zu werden, sondern danach, möglichst viele interessante Dinge vor sich stehen zu haben.

c) Beweglichkeit

Der Zwilling kann in seinem Denken so schnell hüpfen, springen, Saltos schlagen und Pirouetten drehen, dass es einem Zuschauer, der kein Zwilling ist, dabei schon vom bloßen Zuhören schwindelig werden kann. Er begreift schneller als der andere ihm etwas erzählen kann und wenn der Erzähler mit dem Erzählen fertig ist, hat er schon drei Ideen, was man da noch alles machen könnte. Er kann Dinge verdrehen, umstellen, umdeuten und aus fast allem auch einen Scherz machen und andere zum Lachen bringen. Er sieht sofort die neuen Möglichkeiten, die eine Situation bietet und die lustigen Dinge, die man mit einer Sache auch noch so alles anstellen könnte.

d) Einheiten

Die Grundeinheiten, in denen der Zwilling denkt, sind die Dinge, die gerade vor ihm liegen. Es sind allerdings nicht die Dinge selber, sondern die Möglichkeiten, die diese Dinge in sich tragen, also das, was man mit ihnen alles machen könnten. Der Zwilling sieht die möglichen Bewegungen, die möglichen Verwandlungen der Dinge vor ihm, und dazu auch noch die möglichen Verwendungen, an die bisher noch keiner gedacht hat. Er sieht also die Vielfalt der Entwicklungsmöglichkeiten und auch die Ergebnisse, die das Verfolgen dieser Entwicklungsmöglichkeiten bietet. Sein Denken ist ein Spiel.

e) Verknüpfungen

Der Zwilling verbindet zwei Informationen miteinander, indem er sie einfach mal nebeneinanderstellt und schaut, wie sie verknüpft werden können – zu zweit oder mit noch drei oder vier anderen Dingen. Diese Verbindungen sind lose, sind aus dem Augenblick heraus gegriffen – in anderen Umständen können ganz andere Möglichkeiten gesehen und ausgewählt und umgesetzt werden. Es gibt keine dauerhaften Verbindungen – nicht in dem Sinne, dass keine anderen Verbindungen möglich wären. Das schließt natürlich nicht aus, dass manche Dinge auch mal von Dauer sind. Aber es besteht immer eine große Zahl von Möglichkeiten.

f) Qualitäten

Die Qualitäten, an denen sich der Zwilling beim Denken orientiert, sind das Neue, die Abkürzung, die Vereinfachung, die interessante Kombination, die neue Farbe, der neue Klang, die Vielfalt, das Spiel, der Trick, die List, der Spaß, der Gag, der gesteigerte Unterhaltungswert … Das ist keineswegs Oberflächlichkeit, sondern einfach eine überdurchschnittliche Beweglichkeit. Natürlich ist die Neugier eine der größten Motivationen, aber das, was durch die Neugier gefunden wird, kann dann ja auch so angewendet werden, dass der Alltag leichter und unterhaltsamer wird und von mehr Freude und Fröhlichkeit und Lachen erfüllt wird. Das Denken ist wie der Wind, der in alle Winkel weht, aber nirgendwo lange verweilt.

g) Weltbild

Der Zwilling sieht die Welt als den Ort der unendlichen Möglichkeiten. Das genialste an Gottes Schöpfung ist aus seiner Sicht, dass die Welt so bunt und vielfältig ist, dass es einem niemals langweilig werden wird. Aufgrund der gewaltigen Vielfalt kann man die Welt nicht wirklich ganz erkennen – sie ist unendlich große Bewegung, sie ist unendlich viele Möglichkeiten, grenzenloses Potential, ein unüberschaubares Spiel … Daher ist das fast unbeschwerte Tanzen die beste Weise zu leben. Sich nirgendwo festhalten, sich niemals festhalten lassen – das Denken muss ungebunden und beweglich bleiben, damit es die bunte Vielfalt erfassen kann.

h) Gemeinschaft

In einer Gemeinschaft hat der Zwilling durch seine Art des Denkens die Aufgabe, die Erstarrung zu entkrampfen, das Verstaubte zu belüften, in das Althergebrachte neue Ideen einzufügen, das Einfarbige bunter zu gestalten, die Augen der anderen für die vielen Möglichkeiten anzuregen … das Zwillings-Denken ist die Kohlensäure in dem Wasser des Denkens, das den Verstand sprudeln lässt. Er sieht die Möglichkeiten, eine Verstrickung oder einen Konflikt auf elegante Weise zu lösen, und er sieht die Möglichkeit, aus einer verfahrenen Situation wieder herauszukommen. Er vertreibt die Trägheit und bringt das Lachen zurück, er regt die anderen an, endlich aufzustehen und wie er selber das Leben zu tanzen.

i) Verwendung

Der Zwilling verwendet das Denken, um neue Wege zu öffnen, Dinge einmal anders zu machen, die Vielfalt zu erkunden und zu genießen, und um neue Entwicklungen in Gang zu bringen. Er nutzt sein Denken, um die Dinge zu verändern – entweder weil sie anders besser sein könnten oder auch einfach mal deshalb, weil sie schon so lange Zeit gleich geblieben sind. Abwechslung belebt das Leben! Er hilft sich und anderen in verfahrenen Situationen, in denen alles feststeckt, indem er ihnen den Weg hintenherum und dann untendrunter und mittendurch nach ganz oben zeigt, den sonst keiner der anderen gesehen hat. Und er benutzt sein Denken, und seine Sprache, um der Spaßvogel zu sein, der das Leben in ein leichtes und freudevolle Lachen verwandelt.

j) Niedriges Niveau

Die klassische Art von Irrtümern der Zwillinge sind Übereile, Vorwitzigkeit, Oberflächlichkeit, Unachtsamkeit und dergleichen mehr. Diese Irrtümer kommen zustande, wenn die Bewegung selber als wichtiger empfunden wird als das, wo sie hinführt. Dann geschehen leicht mal Unfälle oder man gelangt in Situationen, die man sich so eigentlich nicht ausgesucht hatte. Auch Verletzungen durch Unvorsichtigkeit, Hektik, Übereile oder Fehleinschätzungen können vorkommen. Seine große Schnelligkeit kann zu seinem großen Problem werden.

k) Hohes Niveau

Überdurchschnittlich begabte Zwillinge erkennt man daran, dass sie hilfreiche oder unterhaltsame Möglichkeiten sehen, die andere nicht sehen. Dadurch können sie zu Erfindern, Entdeckern, Komikern und Clowns werden. Sie sind dann die, die einen Weg finden, wo kein anderer mehr einen Weg sieht – keine schlechte Voraussetzung für Außenminister, Diplomaten, Unternehmensberater und ähnliche Berufe. Sie sind sehr wach und aufmerksam und sehen die Vielfalt an möglichen Weiterentwicklungen. Daher können sie geschickte Helfer sein, die anderen durch ein paar kurze Worte weiterhelfen können.

l) Bild

Der Zwilling denkt in Bewegungen und er ist auch selber sehr beweglich – er ist der „Gelenke-Typ". Er spielt mit Gedanken, tanzt mit Worten, jongliert mit Möglichkeiten und lacht über jede unerwartete Wendung. Er ist der Spaßvogel, der den Trübsinn so verscheucht wie der Wind die Regenwolken fortbläst. Es gibt doch neue Wege, andere Möglichkeiten und neue Sichtweisen! Warum also in dem Alten erstarren, wenn man doch in dem Neuen mitfließen könnte? Er kennt viele Menschen und Ansichten, er ist bei vielen Zu Gast und hat viele Gäste und manchmal muss er sich die Zeit nehmen, einfach mal alleine zu sein und sich auf sich selber zu besinnen, denn zu viel ständiger Trubel ist auch nicht das, was am angenehmsten ist. Aber danach geht es dann wieder mit frischen Schwung in die Bunte Welt hinaus!

4. sensibel

♋

Die Krebs-Art des Denkens ist bildhaft und assoziativ. Das Denken ist daher auch eher emotional. Diese Art des Denkens reagiert auf alle äußeren Einflüsse sehr stark und zieht sich erst einmal zurück, d.h. es wird erst einmal lange im Stillen nachgedacht, man lässt sich die Dinge auf der Zunge zergehen, man dreht und wendet sie einmal in alle Richtungen und brütet über sie. Dadurch will man vermeiden, dass man mit Fremdem in Kontakt kommt. Das Denken ist darauf ausgerichtet, den eigenen Bereich zu schützen – man schaut also, ob neue Worte, Gedanken oder Ansichten zu seinem selber passen oder nicht … und wenn nicht, werden sie schweigend abgelehnt. Jede Art von Störungen des eigenen Nestes wird auch im Bereich des Denkens vermieden. Trotz dieser Ausrichtung auf den Schutz des eigenen Nestes ist dieses Denken stark Du-bezogen, Kooperations-bereit und Harmonie-orientiert, da die innige Begegnung, die Wärme und Geborgenheit der höchste Wert ist. Da diese Art des Denkens das Innenleben schützen will und das Außen misstrauisch beäugt, muss dieses Denken immer wieder auf's Neue in jedem Detail davon überzeugt werden, dass eine Sache noch immer so ist wie zuvor – und Argumente überzeugen weitaus weniger als Emotionen. Eher ein „die Flasche ist halbleer"-Typ.

a) Motivation

Der Krebs will durch sein Denken die Lage erfassen, Möglichkeiten und Gefahren erkennen, sich und die Seinen schützen und den Kontakt zu denen, die ihm nah sind, stärken und sichern und erleben. Für ihn ist die Familie, in der er Geborgenheit und Sicherheit findet, das Wichtigste. Er sucht die Nestwärme. Dies ist eine Qualität, die sich nicht gut in Begriffen ausdrücken lässt, sondern deutlich besser in Bildern, da diese den Gefühlen näher sind. Folglich versucht der Krebs, ein möglichst zutreffendes Bild von seiner eigenen Situation zu erhalten und achtet dabei vor allem auf den aktuellen Zustand der Bindung zu den Menschen, die ihm wichtig sind.

b) Zufriedenheit

Der Krebs ist mit seinem Denken zufrieden, wenn er durch sein Denken seine Beziehungen zu seinen Eltern, Partnern, Freunden und Kindern schützen, erhalten und fördern konnte. Diese Wärme, Nähe und Geborgenheit ist das, was er sucht und was er braucht und was er daher auch durch sein Denken anstrebt. Das Denken braucht dabei keine Begriffe, sondern ein inneres Bild, das sozusagen eine „Fotographie" des emotionalen Zustandes ihrer Familie ist. Dieses Bild ist seine Erkenntnis und wenn dieses Bild ausreichend viel Wärme, Verbundenheit und gegenseitige Zuwendung zeigt, geht es ihm gut.

c) Beweglichkeit

Der Krebs kann Dinge und Situationen sehr schnell auf emotional-bildhafte Weise erfassen. Daher ist sein Denken sehr beweglich oder eher sehr aufmerksam, was die kleinsten Abweichungen der aktuellen Bilder von dem Zustand angeht, den der Krebs anstrebt. Er kann sehr schnell denken, was bei ihm jedoch eher ein „schnell assoziieren" ist, da er in seinem Inneren Bilder kombiniert und durch diese Bild-Kombinationen zu Erkenntnissen gelangt. Dabei hat er ein gutes Gespür dafür, welche Bilder zusammengehören – und mögen sie noch so verschieden sein. Er kann durchaus auch formal-logisch denken, aber das ist nicht seine Methode, um wesentliche Zusammenhänge zu erkennen – dafür benutzt er Bild-Assoziationen.

d) Einheiten

Die Grundeinheiten, in denen der Krebs denkt, sind Eindrücke, Bilder, Nähe, Lebenskraft, Umarmungen, Streicheln, Körperkontakt – das Denken des Krebses ist also immer nah an der Wahrnehmung, die beim Menschen ja zu 80% optisch, also Bilder sind. Die sekundären Einheiten, die der Krebs benutzt, ist der „Klang", der zwischen zwei Bildern entsteht: Passen sie zusammen? Ist da ein schräger Ton? Ein Unterton? Ein emotionaler Widerspruch? Durch die Bilder und den „Klang" zwischen ihnen gelangt der Krebs zu Erkenntnissen, die dann wiederum eine Gruppe von Bildern mit verschiedenen Bezügen zueinander sind.

e) Verknüpfungen

Der Krebs verbindet zwei oder mehr Wahrnehmungen und Informationen miteinander, indem er sie nebeneinander stellt und dann dieses Bild betrachtet und in den Zusammenhang zwischen ihnen hineinspürt. Dabei benutzt er nicht die übliche „Schritt für Schritt"-Logik, sondern erkennt anhand des Eindrucks, den dieses Bild dann macht, was gerade los ist. Seine Logik ist dabei nicht auf die einzelnen Dinge ausgerichtet, sondern auf den Gesamteindruck, den dieses „Emotions-Foto" macht – wobei er dabei durchaus auch auf die kleinsten störenden Details achtet, die ihm zeigen, dass da etwas nicht in Ordnung ist. Diese Verbindungen und ihre Qualität erkennt er, in dem er „über etwas brütet", d.h. diese Sache auf innige Weise betrachtet und dadurch ihre Qualität immer genauer erfassen kann. Da dies eine zeitaufwendige Methode ist, verbringt der Krebs viel Zeit damit, alleine oder zusammen mit der „Busenfreundin" oder dem besten Freund alles eingehend zu betrachten.

f) Qualitäten

Die Qualitäten, an denen sich der Krebs beim Denken orientiert, sind die Nähe und die Verwandtschaft und die Frage, ob etwas zusammenpasst – Nähe entsteht durch Verwandtschaft. Am stärksten ist diese Qualität zwischen einer Mutter und ihrem Kind. Dem kommen nur noch die Bilder in dem eigenen Inneren gleich, die man im Traum, auf Traumreisen oder beim „Brüten über etwas" in sich sieht.

g) Weltbild

Der Krebs sieht sich die Welt unter dem Aspekt des Verwandtschaftsgrades zwischen sich und etwas anderem bzw. allgemein zwischen zwei Dingen an. Dabei ergeben sich als Gesamtbild sozusagen „konzentrische Kreise mit nach außen hin abnehmendem Verwandtschaftsgrad": In der Mitte ist er selber mit seinen inneren Emotions-Bildern, darum herum die allerengsten Vertrauten, dann im nächsten Kreis die nächsten Verwandten und Freunde, dann noch weiter außen die sonstigen Verwandten und ganz außen die losen Bekannten. Jeder dieser Kreise ist von einer Schutzmauer umgeben, die das, was innen ist, vor den Augen und Ohren von deren schützt, die weiter außen sind.

h) Gemeinschaft

In einer Gemeinschaft hat der Krebs durch seine Art des Denkens die Aufgabe, die Wärme, Nähe und Geborgenheit wiederherzustellen. Er hält die Gemeinschaft – meist die Familie – intakt. Er spricht unter vier Augen die Konflikte an, die er spürt und will sie wieder auflösen; er ist der „Beichtvater" der Gemeinschaft und er hat für alle Sorgen und Nöte ein offenes Ohr. Die Gemeinschaft ist das, was für ihn das Wichtigste überhaupt ist, weshalb er sein Denken und Reden ganz auf dieses Thema richtet. Auch abstraktere und allgemeinere Themen betrachtet er aus dieser Perspektive und sieht die beteiligten Elemente wie die Mitglieder einer Familie an.

i) Verwendung

Der Krebs verwendet das Denken, um Zusammenhänge zu erkennen – genauer gesagt, um die Art von Kontakten, von Verbindungen zu verstehen. Das ist das, wo er hineinspürt, was er betrachtet, was er erfassen kann. Daher kann er gut zuhören und sich in andere hineinfühlen und auch Träume intuitiv verstehen. Er schaut daher auch beim Denken vor allem auf Gefühle – die mit Gefühlen aufgeladenen Bilder sind das, woran er sich orientiert, da diese Bilder stets das Wichtigste sind. Das ist auch sein Verfahren bei abstrakteren Themen: Wo ist das größte Drängen? Auf diese Weise erhält er ein Bild von den Zusammenhängen zwischen den beteiligten Menschen, also ein Soziogramm. Dasselbe Verfahren lässt sich natürlich auch auf Dinge und abstraktere Themen anwenden.

j) Niedriges Niveau

Die klassische Art von Irrtümern der Krebse sind das Bemuttern, das „nicht aus den Augen lassen", das Festklammern, Tratsch und Klatsch und Ähnliches. Möglicherweise kann der Krebs aufgrund seiner Nähe-Bedürftigkeit die äußere Welt nicht mehr klar genug sehen – dann versinkt er ganz in seinen inneren Bildern und verliert ein wenig den Realitätskontakt. Sein Denken wird dann ganz von seinen inneren Bildern (vor allem Verlassenheitsangst) geprägt, was dann schließlich – wie bei solchen Irrtümer üblich – eben dazu führt, dass sich andere von ihm abwenden.

k) Hohes Niveau

Überdurchschnittlich begabte Krebse erkennt man daran, dass sie auch unerwartete Dinge miteinander kombinieren und deren Verwandtschaft erkennen und beschreiben können. Ein gutes Beispiel dafür ist Albert Einstein, der einen Krebs-Aszendenten hatte und die Verwandtschaft von Raum und Zeit („Raumzeit") sowie die Verwandtschaft von Materie und Energie erkannte („$E=mc^2$"). Sie zeichnen sich durch ein großes Einfühlungsvermögen, eine große Vorstellungskraft und gleichzeitig durch eine Klarheit in ihren inneren Bildern und Emotionen aus. Als Künstler können sie besonders berührende Kunstwerke erschaffen.

l) Bild

Der Krebs denkt in dem Schema „Mutter, Vater, Kind". Er ist ein Familienmensch. Das Urbild ist die Mutter, die ihr Kind stillt. Der Krebs hat eine bildhaft-emotionale Intelligenz, die Menschen und Situationen gut erfassen und daher auch auf eine passende Weise mit ihnen umgehen kann. Die Vorgehensweise ist weich, aber nachdrücklich und sie sendet eine Welle nach der anderen aus bis sie ihr Ziel erreicht hat. Auch das Denken kehrt immer wieder zu dem zurück, was ihnen wichtig ist und betrachtet es immer noch einmal bis es schließlich alle sichtbaren und verborgenen Seiten daran entdeckt und emotional erfasst hat. Es ist ein „fürsorgliches Denken", das niemals ruht und sich immer wieder allem Wichtigen zuwendet.

5. ichbezogen

♌

Die Löwe-Art des Denkens beginnt immer mit demselben Wort: „Ich." Er kann dann über etwas nachdenken, wenn er es zu sich selber in Bezug gesetzt hat. Er ist folglich ich-orientiert und eigenständig; er unterscheidet sich von anderen, sieht an sich selber das Besondere; und er betrachtet das Ganze – womit hier sein ganzes Ich gemeint ist. Er ist ein optischer Typ: er versteht, was er sieht – und er will natürlich auch selber gesehen werden. Er beachtet stets die Wirkung seiner Gedanken, Worte und Schriften. Er erschafft etwas, er strebt etwas an – und das hat immer etwas mit seinem Ruf und seinem Ruhm zu tun. Ihn überzeugt die Tat – seine eigene und die von anderen … vor allem die kraftvolle, strahlende Tat. Er fördert jedoch nicht nur seine eigene Individualität, Eigenständigkeit und Unabhängigkeit, sondern auch die von anderen. Er stellt sich lieber selber durch seine Worte dar als dass er anderen zuhört – außer wenn er genügend Niveau hat, um andere nicht mehr als Konkurrenten zu seinem eigenen Strahlen anzusehen. Er ist im Grunde ein Fundamental-Optimist und sieht stets das „halbvolle Glas".

a) Motivation

Der Löwe will sich selber erkennen und verstehen, sich selber treu sein und ausdrücken – darauf ist sein Denken ausgerichtet. In einem erweiterten Rahmen will er nicht nur sich selber als Individuum verstehen, sondern auch jeden anderen Menschen, jedes Lebewesen und jede Sache – und sei sie noch so abstrakt – ebenfalls als Individuum erfassen. Erst wenn ihm das gelungen ist, ist er zufrieden, denn er schaut stets auf das Lebendige. Selbst die Erde und die Welt als Ganzes betrachtet er stets als ein Lebewesen. Dadurch ist er letztlich ein Beschützer und Förderer jeglichen Lebens und jeglicher Individualität.

b) Zufriedenheit

Der Löwe ist mit seinem Denken zufrieden, wenn er die interne Dynamik eines Wesens oder einer Sache erfasst hat – wenn er das „Herz" dessen erfasst hat, was er mit seinem Denken betrachtet. Er sucht nach der Buchecker, aus der die Buche entstanden ist. Wenn er diesen Ursprungs-Samen gefunden hat und dessen Charakter erfasst hat, kann er auch das ganze Lebewesen verstehen und ist zufrieden. Sein Ziel ist Buddhas Lächeln oder das Lächeln, das man auch bei vielen altägyptischen Statuen sehen kann: eine von innen her leuchtende Selbstgewissheit, die als organischer Teil in der Welt als Ganzes ruht und unbeirrbar wie ein Stern unabhängig von allem, was ringsum geschieht, erstrahlt.

c) Beweglichkeit

Der Löwe kann sich zwar in seinem Denken bewegen, aber er bleibt stets an seine Mitte angeschlossen – jedenfalls so lange, wie es ihm gut geht. Die Bewegungen des Denkens gehen bei ihm stets von seiner Mitte aus und reichen in den Umraum hinein – das Denken besteht sozusagen aus Ich-Strahlen, die die Welt berühren und sie als Bühne und als Nahrung für die eigene Entfaltung sehen. Wenn er einen anderen Menschen, ein Tier, eine Pflanze oder sonst eine Sache betrachtet, geht er von der Mitte dieses Wesens oder dieser Sache aus und betrachtet deren Strahlen – bzw. er sucht erst einmal nach dieser Mitte.

d) Einheiten

Die Grundeinheiten, in denen der Löwe denkt, sind Individuen. Das ist für ihn selber selbstverständlich, aber wird von anderen manchmal als „Personifizierung" angesehen, was für den Löwen ein großes Missverständnis ist, da aus seiner Sicht eben alles vom Regenwurm und den Kieselstein über die Menschen und die Tiere bis hin zu den Sternen und Galaxien Lebewesen sind. Schließlich haben sie alle einen Charakter, einen organischen Aufbau und eine innere Dynamik. Er sieht ihre innere Struktur und die Notwendigkeit, dass sie genau so und nicht anders aufgebaut sind und sich entwickeln. Daher denkt der Löwe stets ganzheitlich und ist auf die Entfaltung der Essenz ausgerichtet.

e) Verknüpfungen

Der Löwe verbindet zwei Informationen miteinander, indem er sie mit der Mitte, mit dem „Herz" dessen, was er betrachtet (meistens sich selber) in Beziehung setzt. Das bedeutet, dass das eine Ende einer Verknüpfung so gut wie immer an der Mitte des Systems endet. Diese Verknüpfungen sind daher immer lebendige Verbindungen, die ein notwendiger Bestandteil dieses als Lebewesen betrachteten Systems sind. Folglich hat er auch einen Blick dafür, ob diese Verbindungen ihre Aufgabe erfüllen können oder nicht und was sie evtl. brauchen, um diese Funktion wieder erfüllen zu können. Dabei richtet der den Blick stets auf das ganze System, da er die Funktion und den Zustand des Einzelnen nur anhand seiner Stellung in dem Ganzen erkennen kann.

f) Qualitäten

Die Qualitäten, an denen sich der Löwe beim Denken orientiert, sind die Lebendigkeit und die Lebendigkeit und die Lebendigkeit. Sie ist sein einziger Maßstab und sein einziges Ziel. Daher denkt er stets organisch, d.h. er sieht jedes Detail als ein notwendiges Teil in dem Ganzen an. Aus dem zentralen Wert der Lebendigkeit ergibt sich notwendigerweise auch eine Förderung der Selbsterkenntnis, der Heilung, der Selbsttreue, des Wachstums und des Selbstausdrucks – also des möglichst erfüllenden Lebenstanzes.

g) Weltbild

Der Löwe sieht – wie bereits gesagt – alle Dinge als Lebewesen an. Das bedeutet, dass er auch davon ausgeht, dass alle Wesen und Dinge ein Bewusstsein haben. Für ihn ist es daher geradezu selbstverständlich, dass auch die Erde als Ganzes ein Bewusstsein hat, das er möglicherweise „Gaia" nennt. Ein wesentliches Element seines Weltbildes ist daher die Visionssuche, also das Erkennen der eigenen Mitte, die meistens „Seele" genannt wird. Die logische Ergänzung dazu ist das Streben, durch Meditation o.ä. auch das Bewusstsein anderer Menschen, Lebewesen und Dinge wahrnehmen zu können. Sein Weltbild erinnert daher stark an die Weltbilder der meisten Indianerstämme.

h) Gemeinschaft

In einer Gemeinschaft hat der Löwe durch seine Art des Denkens die Aufgabe, den organischen Zusammenhalt der Gemeinschaft zu erhalten und sie zu beleben. Er strebt auch oft die Rolle eines „Königs" an, weil er – da er stets auf die Mitte einer Sache ausgerichtet ist – dazu neigt, sich selber in eben diese Mitte zu stellen. Dabei will er sich nicht um alle Details kümmern, aber er will andere darauf hinweisen, was noch zu tun ist und was förderlich ist – und erwartet natürlich, dass die andern das auch so sehen und seinen Worten Folge leisten. Daher kann er derjenige sein, der eine Gemeinschaft lebendig erhält.

i) Verwendung

Der Löwe verwendet das Denken, um die Lebendigkeit zu fördern, die schließlich sein Herzensanliegen ist. Er strebt danach, den Aufbau der Organe innerhalb des Gesamtsystems zu verstehen und ihre Gesundheit zu fördern, wobei er „Gesundheit" als den heilen, natürlichen Zustand des Organs auffasst. Der Löwe ist daher auch ein Heiler – er geht dabei stets von dem Herzen des Menschen aus und will den Menschen an seine eigenen Essenz erinnern, damit der Kranke dieser Mitte wieder treu wird und daher auch wieder gesunden kann. Daher ist der Löwe letztlich auch ein Leiter der Visionsreisen und der Mysterien. Er ist ein Priester der Seelen.

j) Niedriges Niveau

Die klassische Art von Irrtümern der Löwen sind die platte Egozentrik und der kurzsichtige Egoismus. Sie führen auch dazu, dass er nur seinen Ruf, sein Ansehen, seinen Ruhm und sein Aussehen im Blick hat. Eine geniale Darstellung dieses Fehlers ist „Gilderoy Lockhard" aus den „Harry Potter"-Büchern. Diese Störung führt dazu, dass man wirklich jeden Satz mit „ich" beginnt und in einem Gespräch stets sofort wieder zur Selbstdarstellung zurückkehrt, sodass die anderen kaum eine Chance haben, auch mal etwas zu sagen. Im Extrem ist solch ein Mensch kaum noch in der Lage, auch die anderen wahrzunehmen.

k) Hohes Niveau

Überdurchschnittlich begabte Löwen erkennt man daran, dass sie eine große Achtung vor der Individualität aller Menschen haben und dass sie das Leben auf der Erde schützen. Sie ruhen in sich selber und ihre Selbstgewissheit lässt sich durch nichts erschüttern. Sie verhelfen anderen zur Selbsthilfe, damit auch die anderen sich selber erkennen und entfalten können. Sie denken stets organisch und ganzheitlich und ist auf die Erhaltung und Förderung des Lebens ausgerichtet – sie sind nicht nur selbstbejahend, sondern lebensbejahend. Und sie sind herzlich und strahlend und in ihrer Umgebung scheint es wärmer zu werden und sie können andere mit ihrem Optimismus anstecken.

l) Bild

Der Löwe denkt wie ein König: Er betrachtet das Ganze, die Zusammenhänge, das Wachstum, die Lebendigkeit und kümmert sich um das Ganze. Das Gesamtbild ist stets schlüssig, alle Teile sind selbstähnlich, alle Aspekte sind integrierte Bestandteile des Ganzen. Er denkt ganzheitlich, er spricht nachdrücklich und er schreibt von einem Kerngedanken aus: von dem Herz dessen aus, worüber er schreibt. Seine Logik wird von der Herzlichkeit gelenkt und seine Worte werden von seiner Lebensbejahung geprägt. Er ist ein Hüter des Lebens, zu dem fast jeder sofort Vertrauen fasst – vor allem kleine Kinder.

6. sorgfältig

♍

Die Jungfrau-Art des Denkens blickt auf das Detail und betrachtet alle Dinge wie Uhrwerke, die aus vielen Elemente bestehen, die auf eine sinnvolle Weise zusammenwirken – oder das zumindest sollten. Dieses Denken begreift Dinge, wenn man diese Dinge ganz wörtlich mit den Händen ergreift. Die Jungfrau ist von etwas überzeugt, wenn sie es physisch vor sich sieht und anfassen und untersuchen kann. Doch dann genügt eine Gelegenheit, um dauerhaft überzeugt zu sein – wobei sie natürlich jede neue Sache wieder als etwas Neues oder zumindest als eine neue Variante erst einmal wieder gründlich betrachtet. Sie will eine Ordnung erschaffen oder sie wiederherstellen, d.h. sie repariert, therapiert und heilt – sie ist also eher reaktiv als von sich aus aktiv. Sie kann auch selber durchaus etwas konstruieren und herstellen – aber das ist dann die Reaktion auf eine äußere (und manchmal auch innere) Notwendigkeit. Sie löst Probleme durch das Vermeiden des Konfliktes. Sie schaut auf das Detail im Außen und ist schnell durch Kleinigkeiten irritiert, aber kann sich auch über Kleinigkeiten freuen. Sie sucht die Harmonie in der Form einer Ordnung, ist kooperativ und betrachtet die Flasche vorsichtshalber lieber als „halbleer" – die „halbvoll"-Sichtwiese könnte ja später mal enttäuscht werden.

a) Motivation

Die Jungfrau will, dass die Dinge funktionieren und dafür in der richtigen Ordnung sind. Ihre Motivation ist, diesen richtigen Zustand herzustellen und alles in Ordnung zu bringen. Daher denkt sie sachbezogen und hat die Haltung eines Handwerkers, eines Therapeuten oder Heilers. Sie freut sich, wenn alles reibungslos läuft, regt sich über Sand im Getriebe auf, bringt die Dinge mit drei Tropfen Öl wieder ans Laufen und findet keine Ruhe, bevor nicht auch das kleinste Detail so ist, wie sie es für richtig hält. Sie sucht nach der Stelle in dem Uhrwerk, an der es klemmt und kann das System in der Regel wieder in Ordnung bringen, indem sie lediglich eine Kleinigkeit ändert.

b) Zufriedenheit

Die Jungfrau ist mit ihrem Denken zufrieden, wenn sie den Weg zur Herstellung oder Wiederherstellung der Ordnung gefunden hat – also wenn das Geschirr gespült ist, das Fahrrad wieder fährt, die Wunde verheilt und das Trauma aufgelöst worden ist. Das sollte auf eine möglichst effektive Weise und ohne großen Aufwand geschehen. Wenn der Bastler seinen Apparat zum Laufen gebracht hat und wenn der Tüftler die Vorrichtung perfektioniert hat, ist dieses Denken zufrieden – offenbar hat dieses Denken dann selbst bei den komplexesten Angelegenheiten an alles gedacht.

c) Beweglichkeit

Der Jungfrau kann sich auf jede Situation einstellen, sich die beteiligten Elemente anschauen, ihre Funktion begreifen, die Baupläne studieren, die Bedienungsanleitungen lesen und dann schließlich den Fehler im System entdecken oder einen Verbesserungsvorschlag machen, der das Ganze noch effektiver und noch schneller macht. Sie begreift schnell die konkreten Details, die Funktionen und die Wirkung der einzelnen Elemente. Je sachlicher, konkreter und genauer die Beschreibungen und Anleitungen sind desto besser. Wie soll man auch sonst präzise vorgehen können?

d) Einheiten

Die Grundeinheiten, in denen der Jungfrau denkt, sind die Details, also die Zahnrädchen, die Ketten, die Pleuelstangen, die Schrauben, die Nieten, die Ventile, die Rotoren, die Räder usw. Das Ganze besteht stets aus seinen Einzelteilen und die Jungfrau studiert diese Einzelteile, um zu begreifen, wie das Zusammenwirken dieser Einzelteile in dem Ganzen abläuft und dadurch die Aufgabe, die das Ganze hat, erfüllen können. Sie schaut sich jede Abweichung in den Spektrallinien an, jede Schwankung in der Umsatzkurve, jede Abweichung von dem üblichen Blutdruck – und zieht dann präzise Schlussfolgerungen aus diesen Abweichungen. Dadurch kann sie erfassen, was die Ursachen für diese Abweichungen sind.

e)   Verknüpfungen

Die Jungfrau verbindet zwei Informationen miteinander, indem sie schaut, wie sie aufeinander einwirken. Was macht dieses Zahnrad, das diesen Zeiger dreht? Was macht Vitamin B5 im menschlichen Körper? Wie wirkt ein homöopathisches Globuli auf die Krankheit? Wenn die Struktur der Einzelteile klar definiert ist, lässt sich daraus auch die Dynamik ihres Zusammenwirkens ableiten. Ihr Vorgehen ist daher ausgesprochen analytisch und sie schließt stets vom Detail auf das Ganze. Sie stellt gerne systematische Ordnungssysteme auf, die ihr helfen, den Überblick zu bewahren. Das kann das Periodensystem der Elemente sein, die Liste der Elementarteilchen, der Überblick über die Qualitäten der Tierkreiszeichen und dergleichen mehr.

f)   Qualitäten

Die Qualitäten, an denen sich die Jungfrau beim Denken orientiert, sind die richtige Ordnung und das sich daraus ergebende reibungslose Funktionieren. Ihr Denken ist sehr sachlich und daher auch handwerklich und stets auf die Problemlösung ausgerichtet – Hauptsache, der Laden läuft anschließend wieder. Dabei möchte sie natürlich die Struktur und die Dynamik der Systeme, mit denen sie tun hat, verstehen, da sie dann schneller auf Störungen reagieren kann und evtl. auch selber neue Systeme ersinnen kann. Aus ihrem Blickwinkel ist Gott so etwas wie ein unermesslich großer Uhrmacher.

g)   Weltbild

Die Jungfrau sieht die Welt vor allem auf mechanische Weise: Alle Dinge haben ihre Eigenschaften und wirken aufeinander, wodurch sich dann die komplexe Dynamik des Weltgeschehens ergibt. Einem selber geht es dann gut, wenn man begriffen hat, welch eine Art von Teilchen man in dem riesigen Getriebe der Welt ist und welche Aufgabe man daher in dem Ganzen hat. Wenn man das begriffen hat und dem folgt, geht es einem gut und die meisten Dinge werden einem dann auch gelingen. Der Begriff der „Richtigkeit", der in den magisch-mythologischen Weltbildern der Jungsteinzeit und der frühen Königreiche zentral ist, ist auch für die Jungfrau der Kernbegriff.

h) Gemeinschaft

In einer Gemeinschaft hat die Jungfrau durch ihre Art des Denkens die Aufgabe, Ordnung zu halten, andere bei Schludrigkeiten zu ermahnen, aufzuräumen, Dinge zu prüfen, zu putzen und alles noch schnell zu erledigen, was die anderen vergessen haben. Sie hat eine fürsorgliche Art, die im rechten Maß angewandt ein Segen für jeden Gemeinschaft ist. Sie weist auch mit einer gewissen Penetranz auf jeden Widerspruch und auf jede unerledigte Aufgabe hin, die zwar nervig sein kann, aber eben auch nützlich ist, da sie unter Umständen das Scheitern eines Vorhabens verhindert. Wenn sie etwas geprüft hat, kann man sich recht sicher sein, dass die Sache auch wirklich in Ordnung ist.

i) Verwendung

Die Jungfrau verwendet das Denken, um die Gestalt und die Funktion von Dingen zu verstehen. Sie denkt daher genau und präzise und ist dabei recht findig. Sie hat wie der Zwilling eine schnelle Auffassungsgabe, aber ist im Gegensatz zu dem luftigen, unsteten Zwilling erdhaft und sorgfältig. Sie kommt daher zu Ergebnissen, die sie so präzise beschreiben kann, dass auch andere, die ihre Anleitungen lesen, ihre Erkenntnisse über die Funktion und die Dynamik einer Sache anwenden können. Sie kann daher auch neue Methoden entwickeln und sie soweit perfektionieren, dass sie auch ein wertvolles Hilfsmittel für andere sein können. Sie ist daher auch eine Wissenschaftlerin oder eher noch eine wissenschaftliche Assistentin.

j) Niedriges Niveau

Die klassische Art von Irrtümern der Jungfrau ist das „Kleben an den Details", durch das sie zum Pedant, Pfennigfuchser, Erbsenzähler und Besserwisser werden kann. Möglicherweise neigt sie auch zum Bevormunden oder zum Betüddeln. Diese Grundhaltung, die übertrieben stark nach Ordnung strebt und so gut wie nie auch mal „Fünfe gerade sein lassen kann", birgt in sich die Gefahr des Burnouts. Schließlich ist nichts jemals wirklich im vollkommen perfekten Zustand – und schon gar nicht man selber oder die eigenen Leistungen ... Letzteres ist etwas, das die Jungfrau nur schwer ertragen kann.

k) Hohes Niveau

Überdurchschnittlich begabte Jungfrauen erkennt man daran, dass sie ihre Sorgfalt und Gründlichkeit auf die wesentlichen Dinge richten können und die unwichtigeren Dinge auch mal in einem nicht-perfekten Zustand lassen können. Sie haben an sich selber keinen Perfektions-Anspruch – was ihr Leben wesentlich einfacher macht. Sie haben erkannt, dass jedes Prinzip, das man ins Extrem treibt, schädlich wird. Daher können sie sehen, wo Präzision gebraucht wird und wo nicht – sie können ihr Talent sozusagen ein- und ausschalten. Sie können aus kleinen Variationen in Beobachtungen weitreichende Schlussfolgerungen ziehen. Sie können Informationen auf geschickte Weise ordnen und vereinheitlichen, sodass man ihre Bedeutung klarer erkennen kann.

l) Bild

Die Jungfrau denkt wie ein sorgfältiger Handwerker, der alle Einzelheiten beachtet. Jemanden mit dieser Art zu denken als Helfer zu haben, ist für jeden, der nicht diese Denkweise hat und der weitreichende Dinge plant, ein großer Segen, da ihm die Jungfrau helfen kann, grobe Fehler zu vermeiden und an alle Details zu denken. Sie denkt sozusagen mit Lupe und Pinzette – oder sogar mit Mikroskop und Skalpell. Sie schaut auf die eine Sache vor ihr und bekommt von dem, was sich sonst noch in dem Raum abspielt, nicht allzu viel mit – aber das will sie auch gar nicht, denn wie sollte sie sich sonst auf das konzentrieren können, um das es gerade geht?

7. vergleichend

♎

Die Waage-Art des Denkens ist das Nachspüren, auf welche Weise zwei Dinge zusammenpassen bzw. wie sie nicht zusammenpassen. Sie lauscht sozusagen auf den Akkord, den zwei Töne miteinander bilden und zieht daraus ihre Schlussfolgerungen. Sie ist als jemand, die viel denkt, auch jemand, die Informationen vor allem über das Hören und das Lesen erhält. Sie strebt aktiv nach dem, was sie gut findet – was vor allem die Harmonie ist. Sie geht aktiv auf Menschen und Dinge zu und ist eigenständig. Wenn sie Dissonanzen begegnet, versucht sie diese Missklänge auf diplomatische Weise aufzulösen. Sie schaut auf das Ganze und strebt danach, das Ganze in einen guten Zustand zu bringen – am liebsten schaut sie jedoch nur auf zwei: auf „Ich und Du." Sie ist ein Beziehungsmensch, der ganz in seinem Verhältnis zu allen anderen lebt. Da sie selber sehr beweglich ist, braucht sie immer mehrere Erlebnisse derselben Art, um von etwas überzeugt zu werden. Sie hört zwar allen zu und geht auch auf alle ein, aber sie ist in ihrem Denken trotzdem unabhängig. Sie gehört zu den Optimisten, die die „Formulierung „Die Flasche ist halbvoll" vorziehen, da sie findet, dass man mit Offenheit und Optimismus weiter kommt als mit Skepsis und Pessimismus – das ist für die anderen einfach einladender …

a)   Motivation

Die Waage will die Schönheit erschaffen oder wiederherstellen. Das strebt sie vor allem in der Begegnung zwischen Menschen an, aber auch in der Kunst und bei allem anderen, womit sie zu tun hat. Schönheit und Harmonie sind für sind sie der gute Zustand. Durch diese Qualitäten kann sie schnell Kontakte knüpfen – und die Begegnung mit anderen Menschen ist sozusagen ihr Lebenselixier. Sie ist daher sowohl ein guter Diplomat (wie der US-Expräsident Jimmy Carter, der eine Doppel-Waage ist) als auch ein guter Verführer (wie der US-Expräsident Bill Clinton, der auch ein Waage ist).

b) Zufriedenheit

Die Waage ist mit ihrem Denken zufrieden, wenn sie zunächst einmal den Frieden und die Eintracht wiederhergestellt hat und dann auch zu intensiven Begegnungen mit anderen Menschen gelangt. Das, was die Waage sucht, ist die Resonanz mit dem anderen – im Gespräch, in Blicken, in der Erotik. Dieses Übereinstimmen ist das, was sie sucht und womit sie sich wohlfühlt. Sie schätzt daher auch die Musik, da dies eine universelle Sprache ist, die alle verstehen. Dabei spielt sie am liebsten Oktaven zusammen, da diese am harmonischsten klingen (z.B. a und a'), und am wenigsten mag sie den schrägen Tritonus (z.B. a und dis'). Ihr geht es am besten, wenn sie einem Gleichgesinnten, einer Schwester im Geiste begegnet.

c) Beweglichkeit

Die Waage kann sich sehr schnell nacheinander auf die verschiedensten Menschen einstellen. Das ist nun keineswegs eine reine Anpassung, sondern der Wunsch, den anderen wirklich zu erleben – und das geht am besten, wenn man ihm viel Raum gibt. Sie hat eine schnelle Auffassungsgabe und kann sich innerhalb kürzester Zeit in einen anderen hineindenken und seine Motivationen und Neigungen erkennen. Manche sagen, dass sie ihr Fähnchen nach dem Wind hängt und mit jedem anbändelt, doch die, die das sagen, haben nicht verstanden, dass es der Waage immer um die intensive Begegnung geht – und die ist ohne eine große eigene Beweglichkeit nicht möglich.

d) Einheiten

Die Grundeinheiten, in denen die Waage denkt, sind zwar zunächst die Individuen, aber sie sind nicht ihr eigentliches Ziel, sondern der Klang zwischen ihr selber und dem anderen – oder zwischen zwei anderen. Sie denkt also in Begegnungen, Beziehungen, Akkorden, Zusammenwirkungen, gemeinsamen Erlebnismöglichkeiten und dergleichen mehr. Sie sieht die Einzelnen, aber sie denkt stets in den Kombinationsmöglichkeiten zwischen diesen Einzelnen. Der Zusammenhang ist das, worauf sie in ihrem Denken ausgerichtet ist. Daher erkennt sie auch so gut, wer mit wem zusammenpasst und wer nicht.

e) Verknüpfungen

Die Waage verbindet zwei Informationen miteinander, indem sie die beiden Dinge – oder Menschen – nebeneinanderstellt und vergleicht. Dabei geht sie entweder intuitiv vor oder sie benutzt vergleichende Systeme, die die Welt mithilfe von Analogien betrachten. Solche „Gleichnis-Systeme" sind die vier Elemente (Feuer, Wasser, Luft, Erde) bzw. fünf Elemente (Feuer, Wasser, Erde, Holz, Metall), die Astrologie, die Orakel (Tarot, I Ging u.a.), das Ba Gua aus dem Feng-Shui, das Vastu Purusha aus Indien, der Lebensbaum aus der Kabbala usw. Mit ihrer Hilfe lassen sich die Zusammenhänge in der Welt systematisch erforschen und verstehen. Durch dieses Talent, auf die verschiedensten Weisen Zusammenhänge zu erkennen, haben die Waagen auch das Talent, auch selber auf verschiedene Weisen Verbindungen zu knüpfen – sie können sehr charmant sein.

f) Qualitäten

Die Qualitäten, an denen sich die Waage beim Denken orientiert, sind die Verbindung und die Schönheit – also die genussvolle schöne Verbindung. Sie denkt, um Zusammenhänge zu erkennen, um Harmonie zu finden, um den Frieden wiederherzustellen, um Beziehungen oder erotische Abenteuer anzubahnen und ähnliches mehr. Sie geht im Denken, Sprechen und Schreiben auf den anderen ein und ist sich weitgehend darüber bewusst, wie das, was sie sagt, auf den anderen wirkt.

g) Weltbild

Die Waage sieht die Welt als ein Geflecht von Begegnungen und von Beziehungen, von harmonischen und weniger harmonischen Klängen zwischen zwei Tönen. Sie sieht zudem die Ähnlichkeiten zwischen den Einzelnen, denen sie begegnet, und sie sieht die Regelmäßigkeiten, die sie als Kausalität oder als Analogie erkennen und beschreiben kann. Das können die mechanischen Bewegungsgesetze sein oder die Regelmäßigkeiten der zwölf astrologischen Charaktere (Sternzeichen) oder auch eigenständige vergleichende Betrachtungen wie: „Bei der Kutsche entspricht das Pferd dem Motor beim Auto, der Zügel dem Lenkrad, der Kutscher dem Fahrer, die Deichsel der Antriebswelle, das Heu dem Benzin usw."

h) Gemeinschaft

In einer Gemeinschaft hat die Waage durch ihre Art des Denkens die Aufgabe, Streit zu schlichten und den Frieden zu wahren und die Einzelnen immer wieder zu einer Gruppe zusammenzufügen. Das gelingt ihr mit ihrer diplomatischen und auf das Verständnis von Beziehungen ausgerichteten Art zu denken sowie ihrer diplomatischen Weise, Dinge zu formulieren. Sie ist auch in der Lage, Neue in der Gruppe miteinzubeziehen und ihnen zu helfen, Kontakte zu den Mitgliedern der Gruppe zu finden. Sie kann auch schnell erkennen, zwischen welchen Menschen es „funken" könnte – woraufhin sie diese beiden dann unauffällig zueinander führen wird.

i) Verwendung

Die Waage verwendet das Denken, um Zusammenhänge zu verstehen, den „Klang" zwischen zwei Menschen zu erfassen und die Entwicklungsmöglichkeiten, die sie sieht, auszunutzen. Sie erkennt deutlich, was von welchen anderen Dingen abhängt, und sie ist auch geschickt im Verwenden von „Vitamin B", also von nützlichen Beziehungen. Sie hat daher auch ein Talent für das Aufstellen von Soziogrammen, für den Entwurf anschaulicher Darstellungen komplexer Zusammenhänge und für eine ansprechende Präsentation, die vom hübschen Dekorieren über die Schaufenstergestaltung bis hin zu einer diplomatischen Darstellung eines Friedenskonzeptes reichen kann.

j) Niedriges Niveau

Die klassische Art von Irrtümern der Waage sind die Anpassung, das Gleichmachen, das „unter den Teppich kehren" von Widersprüchen und Konflikten (die dann in größerer Form irgendwann wieder hervorkommen) und ähnliche Ausweichmanöver, die jeglichen Unterschied und jeglichen Konflikt dadurch vermeiden wollen, dass sie einfach nicht hinschauen. Das führt dann dazu, dass die Waage im Grunde keine eigene Meinung und kein eigenes Streben mehr hat, außer „um des lieben Friedens willen" zu allem „Ja und Amen" zu sagen. Die Extremform wäre dann das „Einschleimen".

k) <u>Hohes Niveau</u>

Überdurchschnittlich begabte Waagen erkennt man daran, dass sie in der Lage sind, auch verfeindete Parteien zu einem konstruktiven Gespräch zusammenzuführen und dann dieses Gespräch auch so zu lenken, dass am Ende greifbare Ergebnisse zustande kommen. Sie kann Zusammenhänge und Parallelen sehen, die anderen nicht gleich aufgefallen sind, und sie sieht neue Kombinationsmöglichkeiten und Kooperationen und dadurch auch Einsparungen an Geld, Zeit und Arbeit. Sie erschafft neue Verbindungen, die für alle Beteiligten von Vorteil sind. Sie hat außerdem auch ein ausgesprochen großes soziales Gewissen.

l) <u>Bild</u>

Die Waage denkt in Kombinationen, Zusammenhängen, Zusammenwirkungen. Sie ist die Frau im Eheanbahnungsinstitut, die Beziehungs-Therapeutin, die Stil-Beraterin, die Modeschöpferin, die Diplomatin, die Schlichterin im Tarifkonflikt usw. Da ihr Denken auf Begegnungen, Harmonie und Schönheit ausgerichtet ist, kann sie Lösungen und Kombinationen sehen, die den meisten anderen noch gar nicht aufgefallen sind. Dabei hat sie immer das Wohl aller Beteiligten im Blick. Sie schaut den anderen an, während sie mit ihm spricht, ist entgegenkommend, freundlich und charmant und reicht dem anderen – symbolisch – die Hand, um ihn zu einem Zusammenwirken einzuladen, damit sie das gemeinsame Ziel erreichen können.

8. polemisch

♏

Die Skorpion-Art des Denkens ist stets erfolgsbezogen, d.h. er denkt, spricht und schreibt, um etwas zu bewirken, um etwas zu erreichen. Das ist die Haltung des Politikers. Daher sind sowohl das Denken als auch das Sprechen sehr emotional, auch wenn sie sich hin und wieder das Gewand der Sachlichkeit überstreifen. Die Reaktion auf Hindernisse ist heftig und Widerspruch wird aus dem Weg geräumt. Das Denken ist daher taktisch, seltener auch strategisch – es wird also das, was gerade da ist, so umgeformt, wie man es braucht, während die lange Sicht weniger deutlich ausformuliert ist. Er kann gut widersprechen und auch selber Dissonanzen erzeugen, um sein Ziel zu erreichen. Er kann in seiner Sprache eine emotionale Heftigkeit entwickeln, die jegliche Hindernisse aus dem Weg fegt. Es sind daher auch nicht die Argumente, sondern die Emotionen, die ihn selber überzeugen – am besten häufig auftretende Emotionen. Er kann sich über Kleinigkeiten aufregen, die ihm im Weg stehen – wobei er die meisten Dinge ins Existentielle steigert, damit sie deutlicher werden und eine größere Wirkung auf die anderen haben. Es geht ihm um das, was er erreichen will. Dabei kann er durchaus auch mal mit anderen zusammenwirken. Er sieht die Flasche stets als „halbleer" an – das ist sicherer …

a)   Motivation

Der Skorpion will etwas erreichen und benutzt Denken, Worte und Schriften als Mittel zum Zweck, wobei der Zweck weitestgehend auch die Mittel heiligt. Das Ziel des Denkens ist, etwas zu erreichen, d.h. etwas zu erleben, also ein Gefühl zu fühlen – Lust, Sieg, Durchsetzung, Macht, Heilung … was auch immer. Daher ist sein Denken – wie bereits erwähnt – so gut wie immer durch Emotionen geprägt und gelenkt. Seine Ziele sind zwar von ihrem Grundcharakter her weitgehend gleichbleibend, aber da er sehr stark auf das reagiert, was er gerade fühlt, können sich auch sehr schnell neue Ziele ergeben, wenn er neue Gelegenheiten oder Verlockungen sieht.

b) Zufriedenheit

Der Skorpion ist mit seinem Denken zufrieden, wenn er es mit seiner Hilfe geschafft hat, das zu erreichen, nach was es ihn verlangt hat, und wenn er sich und seine Meinung durchgesetzt hat. Sein Denken ist der Öffner des Tores zu seinem Ziel – und dieses Ziel ist eine Emotion. Aber ist er jemals wirklich zufrieden? Das ist zweifelhaft, denn jedesmal, wenn er etwas erreicht hat, will er wieder etwas Neues oder eine Wiederholung desselben – wie schon Friedrich Nietzsche (der einen Skorpion-Aszendenten hatte) sagte: „Alle Lust will Ewigkeit." Doch diese Lust muss immer wieder auf's Neue gesucht und erlangt werden … Das macht das Wesen des Skorpions und auch sein Denken ein wenig ruhelos.

c) Beweglichkeit

Der Skorpion kann in seinem Denken und vor allem in seinem Argumentieren schlagartig die Richtung ändern, wenn er merkt, dass sein erster Ansatz nicht die erwünschte Wirkung gehabt hat. Das geht so weit, dass er ein anderes Weltbild vortäuschen kann, wenn das für seine Ziele nützlich ist. Worte sind für ihn einfach ein Werkzeug zum Erreichen eines Ziels. Entsprechend dreht sich sein Denken auch sehr stark darum, den Weg zu finden, auf dem er durch Worte und evtl. auch Taten am leichtesten sein Ziel erreichen kann. Dabei kann er durchaus auch zu Listen und zum „Schaffen von Tatsachen" greifen.

d) Einheiten

Die Grundeinheiten, in denen der Skorpion denkt, sind Gefühle, Strategien, Machtverhältnisse, Möglichkeiten und dergleichen mehr. Er sieht die Furcht-Objekte und die Lust-Objekte – was jedoch nicht bedeutet, dass er keine Menschen als Individuen wahrnimmt. Doch diese anderen Menschen müssen sich schon selber gegen das wehren, was er will, wenn ihnen das nicht passen sollte. Er sieht die Dinge wie die Schauspieler in einem klassischen Drama, die alle ihre Ziele verfolgen und danach streben, sie auch zu erreichen – und das meistens mit allen Mitteln. Und das Leben ist aus seiner Sicht sowohl eine lustvolle Komödie als auch eine leidvolle Tragödie. Leben ist der Kampf der Lebewesen – und darauf richtet sich sein Denken.

e) Verknüpfungen

Der Skorpion verbindet zwei Informationen miteinander, indem er das Spannungs-Potential zwischen ihnen auslotet: Wieviel Lust ist hier möglich? Wieviel Frust droht hier? Sex und Tod sind die beiden Grundformen der Verknüpfung: der Kampf auf dem Bett und der Kampf auf dem Schlachtfeld. In dem Denken des Skorpions herrscht so gut wie immer Spannung. Und wenn zwischen ihm und einem anderen oder zwischen seinen Gedanken und denen des anderen Spannung herrscht, genießt er den niveauvollen Streit, der ihm manchmal sogar wichtiger ist als der Sieg.

f) Qualitäten

Die Qualitäten, an denen sich der Skorpion beim Denken orientiert, sind das Potential für Lust und das Potential für Schmerz. Er will auch diese Spannung – aber natürlich stets so, dass sie sich zu seinem Vorteil hin entwickelt, d.h. von ihm zu seinem eigenen Gunsten gelenkt und entschieden wird. Er ist der Feldherr, der mit mehr oder weniger allen Mitteln den Sieg anstrebt. Menschen, die einfach nur aufrichtig und naïv die Wahrheit sagen, sind ihm zu schlicht – und außerdem weitgehend hilflos ausgeliefert. Schließlich benutzt er auch das Verschweigen und die Lüge, wenn das seinen Zielen dient: „Im Krieg und in der Liebe ist alles erlaubt."

g) Weltbild

Der Skorpion sieht seine Wünsche und seine Ängste als die Eckpfeiler seines Weltbildes an. Das ist zwar auch bei anderen Menschen weitgehend der Fall, aber der Skorpion hat diese Lüste und Ängste ganz bewusst und klar im Vordergrund seines Weltbildes stehen. Natürlich ist die Tiefe dieser Erkenntnisse eine Niveaufrage, aber er ist auf jeden Fall auf seine Gefühle ausgerichtet, die für ihn die Wurzel von allem sind. Er hat also ein emotional-individuell-existentialistisches Weltbild – was er jedoch nicht unbedingt zugeben wird. Wahrscheinlich wird er seinen Standpunkt sachlich mit scharfen Argumenten als die allein richtige Sichtweise verteidigen.

h) Gemeinschaft

In einer Gemeinschaft hat der Skorpion durch seine Art des Denkens die Aufgabe, auf Missstände, auf ungenutzte Potentiale und auf neue Möglichkeiten hinzuweisen, die Gemeinschaft zu größeren Leistungen anzuspornen und vor allem die Gemeinschaft immer wieder zu verwandeln, wenn es ihm notwendig erscheint. Er schafft Unruhe, aber schafft auch eine klare Ausrichtung. Dabei kann er provokativ, bissig, polemisch, scharfzüngig, emotional und noch so manches andere werden, damit er seine Sicht der Dinge durchsetzen kann. Daher ist er bei den einen sehr beliebt bei den anderen hingegen gar nicht – aber es gibt nur wenige, denen er einfach egal ist.

i) Verwendung

Der Skorpion verwendet das Denken, um etwas zu erreichen. Denken, Reden und Schreiben sind – wie bereits gesagt – nur Mittel zum Zweck. Er sucht durchaus auch nach der Wahrheit bzw. nach den tiefsten Wurzeln und Motivationen, aber im Alltag strebt er dann danach, seine Sicht und sein Streben gegen alle Widerstände durchzusetzen. Dabei ist er bisweilen sehr heftig und impulsiv, weil seine Motivationen so tief sitzen und er gar keine andere Möglichkeit sieht und hat, als eben genau diesen Motivationen mit all seiner Kraft zu folgen. Das kann ihn auch zu einem guten politischen Redner, der alle aus ihrem gemütlichen Schlaf reißt, oder zu einem Demagogen machen, der seinen Zuhörern gar keine Möglichkeit lässt, eine andere Meinung als er selber zu haben.

j) Niedriges Niveau

Die klassische Art von Irrtümern der Skorpion sind Emotionalität, Kurzsichtigkeit, Bissigkeit und das unverarbeitete Befolgen des Lustprinzips – im ärgeren Falle auch Rücksichtslosigkeit, Gewaltbereitschaft und Sadismus sowohl im Reden als auch im Handeln. Dann wird jede andere Meinung rigoros als falsch abgetan und mit allen Mitteln bekämpft – auch mit rücksichtslosen verbalen Schlägen unter die Gürtellinie. Dann werden die Schwachpunkte der anderen erforscht und anschließend genüsslich ausgenutzt.

k) Hohes Niveau

Überdurchschnittlich begabte Skorpione erkennt man daran, dass sie bereit sind, der Wahrheit ins Auge zu blicken und die Konsequenzen aus dem zu ziehen, was sie sehen. Sie sind bereit, das Alte hinter sich zu lassen, wenn sie erkennen, dass es noch tiefere Wurzeln und grundlegendere Motivationen gibt, die eine andere Weltsicht und eine anderes Reden und Handeln erfordern.

l) Bild

Der Skorpion denkt mit Schärfe und Tiefgang und mit schonungsloser Offenheit. Er ist jederzeit bereit, alles in Frage zu stellen und ist daher auch stets bereit, die Evolution voranzutreiben bzw. noch eher eine Revolution anzuzetteln. Er analysiert und prüft, er arbeitet das Wesentliche heraus und kritisiert und setzt seine Meinung durch. Er ist ein Stratege auf dem Feldherrn-Hügel und ein Politiker vor einer großen Menschenmenge, er ist der Erfinder, der durch seinen Scharfsinn die Urkräfte entfesselt, und er ist der Arzt, der Risiken eingeht, um ein Leben zu retten, er ist der Direktor, der in heftigen Diskussionen unliebsame Lohnkürzungen durchsetzt, um Arbeitsplätze zu sichern, und er ist der Detektiv, der mit seinem Spürsinn auch die geschicktesten Verbrechen aufdeckt, er ist der Forscher, der alte Sprachen entschlüsselt, und er ist der Konstrukteur, der einen unfehlbaren Lügendetektor entwickelt hat.

9. zielstrebig

♐

Die Schütze-Art des Denkens ist auf ein Ziel und auf den Weg zu diesem Ziel ausgerichtet – dieses Denken und das sich daraus ergebende Reden sind einsgerichtet. Der Schütze ist optisch orientiert, d.h. er sieht etwas, und das, was er sieht, drängt ihn zum Handeln. Er sieht Möglichkeiten zur Verbesserung und strebt sie auch an und kann dabei andere durch seine feurigen Reden und Schriften zur Mitarbeit begeistern. Er steht alleine vor großen Menschenmengen und spricht zu ihr, wenn ihm ein Ziel wirklich wichtig ist – wie der Schütze Friedrich Engels, der Karl Marx durch seine Reden und Schriften half, seine Ideen bekannt zu machen. Der Schütze ist unabhängig und eigenständig und lebt, denkt, spricht und schreibt aus seinen Idealen heraus. Er sieht die Missstände und will sie ändern – er sieht das Potential und will es verwirklichen. Er macht das in einzelnen, konkreten Fällen. Ihn überzeugt nur das Tun und er überzeugt auch andere durch das, was er tut. Dabei genügt die eine Tat, um ihn zu überzeugen, und ebenso reicht seine eine Tat, um andere zu überzeugen. Als Optimist, der stets auf den Idealzustand aller Menschen, Lebewesen und Dinge ausgerichtet ist, sieht er stets die „halbvolle" Flasche – die er natürlich sofort wieder füllen und so den Idealzustand wieder herstellen will.

a) Motivation

Der Schütze will den aktuellen Status stets in den optimalen Status verwandeln. Er lebt auf das Ziel hin, denkt auf das Ziel und redet und schreibt auf das Ziel hin. Die Menschen, Dinge und Unternehmungen sind das, was sie werden könnten. Der Schütze-Denken-Typ will Dinge weiterentwickeln, will das tun, was gerade notwendig ist – er ist der Erste-Hilfe-Arzt und der Feuerwehrmann und er ist auch der Projektleiter und der Unternehmensberater. Er bringt Schwung in das, was stagniert, er richtet das neu aus, was veraltet ist, und er bringt frischen Wind in das, was zu verstauben droht. Er sieht das Potential und will es befreien und entfalten.

b) Zufriedenheit

Der Schütze ist mit seinem Denken zufrieden, wenn er mithilfe seiner Gedanken, Worte und Schriften sein Ziel erreicht hat. Er will das Optimum erreichen – und noch besser das Ideal – also nicht nur das Mögliche, sondern die vollständige Verwirklichung dessen, was in einem Menschen oder einer Sache angelegt ist. Er ist zufrieden, wenn sich etwas entfaltet hat – und wenn es soweit ist, genießt er diesen Idealzustand, doch schon bald sucht er nach einem noch größeren Ziel oder nach einem neuen Projekt. Es gibt ihm mehr Befriedigung, etwas wachsen zu sehen, als das Ziel zu erreichen. Daher ist er ständig unterwegs und kommt letztlich nie an ein Ende der Entwicklung.

c) Beweglichkeit

Der Schütze kann sofort etwas ergreifen, wenn er etwas sieht, wo etwas getan werden muss – ein Kaltstart macht ihm keinerlei Mühe. Er ist stets bereit, jeden Tag eine gute Tat zu vollbringen. Er ist dabei jedoch eher der Sprinter und Jäger als der Marathonläufer, obwohl er auch das notfalls in Angriff nehmen würde. Er ist ein dynamischer, beweglicher „Schütze" und kein statischer, ausdauernder „Belagerer". Sein Denken ist ausgesprochen Handlungs-orientiert, d.h. das Denken schaut danach, wo der beste Weg zum Ziel ist – Theorien, Gefühle und Kosten sind dabei zweitrangig: Das Ziel muss erreicht werden! Dieses Denken hat es eilig und kann keinerlei Umwege und Verzögerungen oder Aufenthalte leiden.

d) Einheiten

Die Grundeinheiten, in denen der Schütze denkt, sind Potentiale. Er sieht die Dinge und ihr Potential, die die eigentlichen Einheiten seines Denkens sind: der Flug des Pfeils, den der Schütze abschießt. Diese Potentiale und der Weg zu ihnen werden von ihm halb-intuitiv aus einem Gespür für mögliche und erfolgreiche Handlungen heraus erfasst. Die möglichen Wege und Schritte zu diesem Ziel sind die Untereinheiten, in denen er denkt. Außerdem auch noch die Hindernisse auf dem Weg dorthin und wie sie umgangen bzw. aufgelöst werden können. Weiterhin spielen natürlich auch noch die Menschen, die bei seinem Projekt mithelfen sollen, eine Rolle.

e) Verknüpfungen

Der Schütze verbindet zwei Informationen miteinander, indem er prüft, inwiefern die eine Information die andere fördern kann, also in welcher Weise eine neue Information ein bereits bestehendes Projekt unterstützen kann oder ein neues Projekt notwendig macht. Verknüpfungen sind daher gegenseitige Hilfen und Unterstützungen. Solche Verbindungen setzten nicht nur zwei Informationen miteinander in Bezug, sondern sie richten sie immer auch auf ein Ideal aus. Informations-Kombinationen erschaffen Solidaritäts-Chancen und die Möglichkeit, den Bogen stärker zu spannen und den Pfeil weiter fliegen zu lassen.

Qualitäten

Die Qualitäten, an denen sich der Schütze beim Denken orientiert, sind zum einen die Idealzustände, also die Ziele, und zum anderen die Handlungsfähigkeit und somit die Erreichbarkeit des Zieles. Die Orientierung des Schützen besteht aus Standpunkt, Weg und Ziel – das ist das, was er zu erfassen strebt, damit er sein Denken und seine Kraft möglichst effektiv einsetzen kann. Er sucht nach der „negativen" Spannung, die das Erreichen des Zieles notwendig macht, und nach der „positiven" Spannung, die das Erreichen des Zieles möglich macht. Das Denken ist daher stets „auf dem Sprung" und bereit, einen Weg zu finden, ein Ziel zu formulieren und ein Projekt zu starten.

f) Weltbild

Der Schütze sieht die Welt als etwas, das sich entfaltet, als etwas, das auf dem Weg zu einem idealen Zustand ist. Auf diesem Weg der Evolution, Reformation oder Revolution ist er der Scout, der Entwicklungshelfer, der Projektleiter. Er zeigt, was notwendig ist, was getan werden muss und wo es lang geht. Sein Weltbild ist daher nicht statisch, sondern dynamisch und eine ständige Weiterentwicklung. Da steht der derzeitige Zustand, aber in der Ferne steht das leuchtende Ideal auf einem Berg und lockt – und zwischen beidem ist der Weg, der vom der grauen Gegenwart zu der goldenen Zukunft führt.

g) Gemeinschaft

In einer Gemeinschaft hat der Schütze durch seine Art des Denkens die Aufgabe, den anderen zu zeigen, wie man es besser machen könnte. Er öffnet neue Tore für die Gemeinschaft und führt sie zu neuen Möglichkeiten und zu ungeahntem Wachstum. Er ist der, der ein Ziel hat, der eine Rede hält, der eine Möglichkeit darlegt, der inspiriert und der begeistert. Ohne ihn würde alles stagnieren und es käme keine Entwicklung in Gang. Er kann die anderen aus ihrer Lethargie aufwecken und sie mitreißen. Er sieht auch in jedem einzelnen dessen Potential und es lässt ihm keine Ruhe, wenn er sieht, dass jemand sein eigenes Potential nicht erkennt und ausschöpft und verwirklicht. Er erschafft die kreative Unruhe.

h) Verwendung

Der Schütze verwendet das Denken, um Ziele klar zu formulieren, die Notwendigkeit dieser Ziele anderen klar zu machen, den Weg zu diesem Ziel zu erforschen und alle dazu aufzurufen, mit ihm zusammen dieses Ziel anzustreben und zu erreichen. Das Denken ist für ihn ganz klar ein Werkzeug und kein Selbstzweck – mithilfe des Denkens kann man die eigene Kraft und die der anderen auf ein Ziel hin bündeln. Das Bild des Bogenschützen beschreibt auch diesen Stil des Denkens, das immer auf ein Ziel ausgerichtet ist, in zutreffender Weise. Diese Haltung im Denken wird effektiv, wenn das Ziel lohnend und erreichbar ist und wenn man auch selber die Initiative ergreift und meistens auch das Projekt selber leitet.

i) Niedriges Niveau

Die klassische Art von Irrtümern der Schütze sind die ständige Unruhe und Unzufriedenheit und der ständige Drang, weitergehen zu müssen. Wenn das der Fall sein sollte, fehlt es ihm an der Fähigkeit, die erreichten Ziele auch zu genießen. Ein anderer Fehler besteht darin, zu viele Ziele gleichzeitig anzustreben, wodurch die eigenen Kräfte zerstreut werden und die Effektivität stark eingeschränkt wird. Es ist auch denkbar, dass unerreichbare Ziele angestrebt werden, wodurch dann nur Frustration und Energieverschwendung entstehen. Es kommt auch vor, dass er die anderen antreibt, den Idealzustand zu erreichen, aber selber nichts tut.

j) Hohes Niveau

Überdurchschnittlich begabte Schützen erkennt man daran, dass sie die wesentlichen Ziele für eine größere Anzahl von Menschen erkennen und formulieren können und die Betroffenen auch davon begeistern können. Sie wollen hoch hinaus wie Alexandre Eiffel mit dem nach ihm benannten Turm; sie wollen die Welt verbessern wie Friedrich Engels; sie sind schnell wie Bruce Lee; sie sind zielgerichtet wie Magnus Carlsen im Schach; sie sind idealistisch wie Willy Brandt in der Politik; sie sind emotional heftig wie Ludwig van Beethoven; sie verwandeln die Spiritualität wie Baghwan ... sie alle sind Schützen und sie haben ihr Denken und ihr Reden zum Erreichen ihrer Ziele eingesetzt.

k) Bild

Der Schütze denkt zielstrebig – wenn er kein Ziel hat, hat er auch keinen Grund zu denken. Oder andersherum gesagt: Wenn er zu denken beginnt, sucht er nach dem besseren Zustand von dem, worüber er gerade nachdenkt. Er ist der Kaufmann, der nach neuen Absatzmärkten sucht, der seine Schiffe auf Große Fahrt sendet, der reichlich Gewinne macht, der sich einen Palast erbauen lässt, der seinen Wohlstand zusammen mit Freunden genießt, der der Mäzen von begabten Künstlern ist, der den Armen reichlich Almosen gibt und dessen guter Ruf ihm die Türen auch zu den Reichsten und Mächtigsten im Land öffnet. Er ist vorausschauend und plant und handelt auf lange Sicht, um all das zu erreichen.

10. sachlich

♑

Die Steinbock-Art des Denkens ist konkret und sachlich und auf vollkommen sichere Informationen ausgerichtet. Sie glauben, was sie vor sich sehen und anfassen oder besitzen können – sie suchen stets erst einmal nach der größtmöglichen Autorität zu einem Thema und nach dem sichersten Beweis für eine Behauptung, ehe sie sie als Gewissheit in ihr Weltbild einbauen. Sie vermeiden Probleme und Auseinandersetzungen und reagieren eher als das sie von sich aus etwas beginnen – sie vermeiden jedes Risiko, da sie einen hohen Turm auf einem festen Felsen errichten wollen. Sie prüfen alle Menschen und Dinge, die ihnen begegnen, daraufhin, ob sie vertrauenswürdig sind oder nicht. Sie ziehen die Harmonie vor, aber sie können stur und dickköpfig sein, wenn sie etwas wollen. Sie schauen auf das Ganze und vor allem auf die Fundamente. Sie fühlen sich sicher, wenn sie etwas besitzen. Sie müssen zwar nur einmal wirklich gründlich überzeugt werden, aber sie haben nichts dagegen einzuwenden, wenn ihre Ansichten von Zeit zu Zeit bestätigt werden – und vor allem müssen sich diese Ansichten im Alltag bewähren. Sie sind Skeptiker und manchmal sogar Fundamental-Pessimisten, die stets die „halbleere" und nicht die „halbvolle" Flasche sehen.

a) <u>Motivation</u>

Der Steinbock will hoch hinaus – und damit sein Turm nicht einstürzt, verwendet er viel Zeit auf die soliden Fundamente. Er glaubt erst mal nichts, sondern prüft alles gründlich. Da er sich dabei allerdings zum größten Teil an den zuverlässigsten Autoritäten orientiert – Mutter, Kindergärtnerin, Lehrer, Professor, Chef, Bundeskanzler – übernimmt er zunächst einmal die Prinzipien und Überzeugungen dieser Menschen. Er ist folglich ein Traditionalist, der davon ausgeht, dass das, was bisher funktioniert hat, auch weiterhin funktionieren wird. Das gibt ihm die Sicherheit, nach der er im Denken und Handeln sucht.

b) Zufriedenheit

Der Steinbock ist mit seinem Denken zufrieden, wenn er berechtigterweise darauf vertrauen kann, dass er mit seinen Ansichten und Überzeugungen nicht auf Sand gebaut hat. Er will bewahren, schützen und erhalten und sicher sein. Daher neigt er nicht dazu, seine Meinung schnell zu ändern oder in seinem Denken neue Wege auszuprobieren oder sich auf neue Argumente einzulassen. Er ist zufrieden, wenn er die solideste Grundlage für seine Meinungen gefunden hat – und hält natürlich trotzdem noch weiterhin Ausschau, ob es vielleicht Gegenargumente oder weitere Bestätigungen für die Richtigkeit seiner Sichtweise auf die Dinge finden kann. Er will Verlässlichkeit im Denken, Reden und Handeln.

c) Beweglichkeit

Der Steinbock kann im Denken durchaus die Richtung wechseln, aber tut dies nur widerwillig, wenn er erkennt, dass er sich geirrt hat. Ihm ist es lieber, wenn die Dinge so bleiben, wie sie sind oder sich dahin entwickeln, wo er hinwill, doch wenn er einen Irrtum entdeckt, hat es ja auch keinen Sinn, auf diesem Irrtum zu beharren – aber unangenehm ist solch ein Richtungswechsel in den Ansichten schon … nicht zuletzt, weil es bedeutet, dass man bisher aufgrund falscher Annahmen einen Teil seiner Energie vergeudet hat. Zudem ist es ihm deutlich lieber, recht zu haben als unrecht zu haben – schließlich orientiert er sich nicht nur an Autoritäten, sondern will auch selber eine Autorität sein und bestimmen.

d) Einheiten

Die Grundeinheiten, in denen der Steinbock denkt, sind ganz einfach Tatsachen – grundsolide und vollkommen sicher verifizierte Tatsachen. Auf sie kann man bauen. Sie sind tragfähig. Sie sind verlässlich. Natürlich gibt es neben den Felsen auch immer viel Sand, der nicht als Fundament taugt, aber da muss man eben gründlich prüfen, bevor man etwas unternimmt. Insofern ist auch die Unterscheidungskraft und die Urteilsfähigkeit ein sehr wichtiges Element in dieser Denk-Weise. Die Einheiten des Denkens sind hier auf Herz und Nieren geprüfte „Granit-Brocken".

e) Verknüpfungen

Der Steinbock verbindet zwei Informationen miteinander, indem er schaut, ob eine der beiden Informationen bereits gesichert ist und ob sich die andere von ihr ableiten lässt oder ob beide gesichert sind und ob ihre Kombination etwas Neues ergibt. Er denkt wie ein Jurist, der von den Gesetzen ausgeht und dann Schlussfolgerungen zieht: Auf einem gesicherten Fundament wird ein Gebäude errichtet. Es geht bei den Verknüpfungen also um zuverlässige Ableitungen, die dem Handeln, das auf diesen Ableitungen beruht, einen zuverlässigen Halt geben. Auf diese Weise entwickelt er ein sehr gut begründetes Gedankengebäude.

f) Qualitäten

Die Qualitäten, an denen sich der Steinbock beim Denken orientiert, sind – wie schon mehrfach erwähnt – die Sicherheit und Zuverlässigkeit. Er vermeidet den Wandel und jede Form von Unbeständigkeit. Sein Wert ist die Konstanz und die Treue und somit auch die Tradition. Er ist folglich langsam und gründlich im Denken, eher schweigsam, was das Reden betrifft, und sehr zurückhaltend, was das Schreiben oder gar das Unterschreiben von Verträgen angeht. Er vermeidet rasche Bewegungen aller Art – sowohl innerlich als auch äußerlich – und ist meistens zurückhaltend und unauffällig. Er zeigt nicht gerne, was er alles kann und hat, um sich zu schützen und nichts unnötig zu gefährden.

g) Weltbild

Der Steinbock sieht die Welt als „Realität", also als Dinge, die man gar nicht oder nur mit sehr viel Aufwand ändern kann. Folglich erscheint es ihm sinnvoller, das Unvermeidbare zu akzeptieren und die Naturgesetzte und die staatlichen Gesetze, den Willen der Mächtigen und die Traditionen seiner Verwandtschaft so zu lassen, wie sie sind, und sie zu nutzen statt sie zu verändern. Er hat schnell das Gefühl, dass man etwas doch nicht ändern kann und dass man nur ein kleines Rädchen im großen Getriebe ist. Er sieht die Mächte der Natur und die Mächtigen unter den Menschen, die die Welt prägen, und beschränkt sich oftmals darauf, nicht aufzufallen. Er schaut folglich nach den Wegen in der Welt, wie sie nun einmal ist – und wählt dann den Weg aus, der ihn am sichersten zu seinem Ziel bringt. Er schafft keinen neue Wege, sondern nutzt die Wege, die es schon gibt. Auch im Denken folgt er meistens den bereits gesicherten und bewährten Pfaden,

h) Gemeinschaft

In einer Gemeinschaft hat der Steinbock durch seine Art des Denkens die Aufgabe, das Gute zu bewahren und vor dem Schädlichen zu schützen. Auf ihn ist Verlass. Daher übernimmt er oft Aufgaben wie Kassenwart, Protokollist, Chronist und Ähnliches, bei denen es darauf ankommt, dass der Betreffende vollkommen zuverlässig ist. Er ist zwar ein bisschen langweilig, aber dafür man weiß bei ihm, woran man ist.

i) Verwendung

Der Steinbock verwendet das Denken, um Statistiken und Protokolle anzufertigen, Gesetze und Vorschriften auszuformulieren, und um Rechtsstreitigkeiten und ungeregelte Abläufe durch Entscheidungen und Vorschriften in eine feste Form zu bringen. Er erschafft verlässliche Informationen und vollständige Listen, korrekte Formulierungen und gut abgesicherte Fünf-Jahres-Pläne. Er bevorzugt festverzinsliche Wertpapiere mit kurzer Restlaufzeit gegenüber riskanten Aktien, die einen hohen Gewinn versprechen. Die von ihnen berechneten Statiken und Statistiken sind verlässlich und sie haben stets nicht nur einen „Plan B", sondern auch noch einen „Plan C" zur Verfügung – sicher ist sicher …

j) Niedriges Niveau

Die klassische Art von Irrtümern der Steinböcke ist eine Neigung zu einer traditionell-verknöcherten Grundhaltung und zur Prinzipienreiterei. Sie haben es dann schwer, etwas zu verändern, auch wenn es sinnvoll wäre, das zu tun – sie klammern sich an den Gewohnheiten fest, weil sie nur darin Halt finden. Sie sind schnell verwirrt, wenn sich dann doch einmal etwas ändert und haben dann keine Wurzeln mehr. Sie können auch dann noch stur und dickköpfig sein, wenn längst deutlich geworden ist, dass der bisherigen Kurs einfach falsch gewesen ist und nicht zu dem erwünschten Ziel führen kann. Sie neigen auch ein wenig zum Nörgeln.

k) Hohes Niveau

Überdurchschnittlich begabte Steinböcke erkennt man daran, dass sie zwar traditionell-bewahrend sind, aber sich dabei genau bewusst darüber sind, welchen Nutzen diese konservative Haltung hat und wann dieser Nutzen aus irgendeinem Grund nicht mehr vorahnden ist. Dann ändern sie ihren Kurs. Sie sind auf eine wohltuende Art sachlich und lassen sich nicht von den Fakten abbringen und weigern sich, ihre Augen vor den Tatsachen zu verschließen. Sie sind dann unerbittliche Mahner, die die Krisen und Gefahren kommen sehen und die sich und die anderen vor diesem Unheil schützen wollen. Sie planen langfristig, nachhaltig und sorgen dafür, dass ihre Taten auch noch ihren Ururururenkeln keinen Schaden zufügen werden.

l) Bild

Der Steinbock denkt langsam, aber gründlich. Er macht keine Sprünge, aber er ist stetig. Er ist kein Genie, aber zuverlässig. Er konstruiert keine Heißluftballons, aber solide Fundamente. Er wartet und hört erst einmal zu, bevor er selber etwas sagt – und das, was er sagt, hat er lange Zeit bedacht und von allen Seiten her betrachtet, weshalb es empfehlenswert ist, ihm gut zuzuhören und sich seine Argumente genau anzusehen. Er ist der Berater und Bewahrer, der Prüfer und Erhalter, und er kann schweigsam sein und Geheimnisse für sich zu behalten. Er kann der „alte Weise" werden, der weiß wie das Leben ist.

11. verändernd

~~~

Die Wassermann-Art des Denkens ist der Aufbruch zu neuen Ufern. Er will seine Utopie verwirklichen und setzt dafür alle seine Kräfte ein. Er hört gerne zu und redet selber noch lieber. Er will verstehen und lernen und Schlussfolgerungen ziehen und seinen Entwurf des „Goldenen Zeitalters" neben die „Graue Gegenwart" stellen. Er sieht die Missstände und will sie ändern – da kann er ruhelos und unermüdlich sein. Er will das ganz Neue und holt sich dafür Inspiration bei dem Uralten; er will das vollkommen Ungewohnte und holt sich dafür Anregungen in fremden Kulturen und in Science-Fiktion. Er will den großen Sprung machen, er will weit gelangen, er will das Unmögliche möglich machen. Er schaut nicht nur über den Zaun, sondern er will auf die andere Seite des Gebirges. Dafür erschafft er völlig neue Theorien, die oftmals zunächst nichts anderes als grobe Skizzierungen des Ziels sind und nicht so sehr realistische Fundamente und zuverlässige Wege zu dem Ziel. Er will das Ganze verändern – und zwar gründlich. Er ist ein unabhängiger Denker, aber er wird von dem Neuen und Ungewohnten magisch angezogen. Er hält alles für möglich, aber braucht viele Beispiele, um sich sicher zu sein. Er sieht die „halbvolle" Flasche und wird dafür sorgen, dass sie wieder ganz voll wird.

a) Motivation

Der Wassermann will Dinge verknüpfen, verändern, verbessern. Er sucht die Weltformel und will mit dieser Weltformel die Welt von allem Leid erlösen. Er will nicht den kleinen Hüpfer, sondern den großen Sprung. Sein Blick richtet sich in die weite Ferne. Er denkt so groß wie möglich und schreckt vor keiner Verwandlung zurück – sei es nun eine Evolution oder eine Revolution. Er will sozusagen Gottes Plan vollenden, den die Menschen in ihrer geistigen Beschränktheit bisher nicht erkannt haben. Im Extremfall sieht er sich selber als eine Art Erlöser für die Menschheit an.

b) Zufriedenheit

Der Wassermann ist mit seinem Denken zufrieden, wenn er erkennt, dass er die bestmögliche Utopie erkannt und formuliert hat – und wenn er beginnt, andere davon zu überzeugen und sie in sein eigenes Boot zu holen, sodass sie nun alle gemeinsam zu dem fernen Ufer rudern, an dem das Leben so sehr viel besser sein wird. Ihm ist wichtig, seine Ziele klar zu formulieren – oder zumindest so, dass sie überzeugen und andere zur Mitarbeit an der Verwirklichung seiner Utopie bringen. Er will andere durch seine Gedanken, seine Reden und Schriften dazu bringen, dass sie sehen, dass das alles doch auch noch sehr viel besser, schneller und einfacher und vor allem lebenswerter sein könnte. Wenn seine Utopie Gestalt anzunehmen beginnt und genügend Menschen mitmachen, beginnt er zufrieden zu sein.

c) Beweglichkeit

Der Wassermann kann das völlig Neue denken. Er hat Einfälle und Ideen, die sehr weit reichen und fast alles verändern würden, wenn sie umgesetzt werden. Er will die grundlegende Veränderung und ist dafür bereit, alles Alte loszulassen. Er denkt stets im sehr großen Rahmen – er ist ein Weltenbürger, ein Globalist, ein Generalist, ein Theoretiker, ein Erfinder. Die einzige Aufgabe, die er in Grenzen sieht, ist, dass man sie öffnen oder überspringen kann. Die große Beweglichkeit – vor allem die geistige Beweglichkeit – ist geradezu sein Lebenselixier. Er ist erst einmal für jede neue Theorie offen – und mag sie noch so ungewöhnlich erscheinen. Das Ausmaß ihrer Ungewöhnlichkeit ist sogar geradezu das Maß dafür, in dem ihn diese Theorie anzieht.

d) Einheiten

Die Grundeinheiten, in denen der Wassermann denkt, sind Verallgemeinerungen, Allgemeingültigkeiten und grundlegende Veränderungen. Er braucht irgendeine Art von Weltformel, von der er dann ausgeht und mit deren Hilfe er dann sein „Neues Jerusalem" entwirft und den Weg dorthin zumindest grob skizziert. Alle kleineren Einheiten werden immer als individuelle Ausformungen der alles prägenden Grundregel, also der Weltformel angesehen. Diese kleineren Einheiten werden daher stets der Weltformel untergeordnet.

e) Verknüpfungen

Der Wassermann verbindet zwei Informationen miteinander, indem er sie gleichzeitig betrachtet und schaut, welchen Eindruck sie gemeinsam machen. Der genaue Zusammenhang ist zunächst einmal nicht so wichtig, sondern die möglichen Kombinationen. Von diesen Kombinationsmöglichkeiten ist wiederum die am spannendsten, die die am weitesten führende Schlussfolgerung erlaubt – schließlich ist stets der größte und weiteste Sprung das, was zu dem Neuesten und zu dem Grundlegendsten führen und folglich sowohl die Weltformel als auch die Utopie deutlich werden lassen könnte.

f) Qualitäten

Die Qualitäten, an denen sich der Wassermann beim Denken orientiert, sind das Neue, das Allgemeingültige, das Abstrahierte und die Theorie sowie der bestmögliche Zustand. Er strebt nach der Weitung, der Verbindung und dem gemeinsamen Erreichen von Zielen, die zunächst unerreichbar zu sein scheinen. Die Größe und Neuheit dieser Ziele spornt den Wassermann erst recht zu neuen Gedanken, Theoriebildungen, Reden und Schriften an. Das Wort ist seine Waffe – noch genauer gesagt, ist seine Waffe die beflügelnde neue Idee, durch die das Unmögliche auf einmal möglich erscheint. Diese Art des Denkens will das Tor zur Zukunft öffnen – weit öffnen – für alle weit öffnen.

g) Weltbild

Der Wassermann sieht die Welt als die Konkretisierung eines einzigen Grundgedankens an. In einem religiösen Zusammenhang ist dies Gottes Schöpfungsimpuls, in einem philosophischen Zusammenhang die Grundwahrheit und in einem physikalischen Zusammenhang die Weltformel. Die konkrete Ausformulierung dieses Grundgedankens kann sehr verschieden sein: der Wandel von Yin und Yang, Mutation und Selektion, der Kampf zwischen Arm und Reich, der Streit zwischen Gut und Böse, der Zwist zwischen Gott und Teufel und dergleichen mehr. Es ist oft eine Dynamik vorhanden, bei der man die richtige Seite wählen muss.

h) Gemeinschaft

In einer Gemeinschaft hat der Wassermann durch seine Art des Denkens die Aufgabe, die Gemeinschaft auf die Utopie auszurichten, die diese Gemeinschaft erreichen will. Daher bildet er Zusammenschlüsse von Gleichgesinnten, Vereine und Bündnisse, die bis hin zu Geheimbünden reichen, die sich miteinander verschworen haben, um bestimmte Ziele zu erreichen. Von diesen Geheimbünden – die von den Freimaurern über Mysterien-Bünde bis hin zu der italienischen P2-Loge reichen können – ist er ganz besonders fasziniert. Solche Bünde finden sich aber auch ganz öffentlich wie z.B. der Aufruf „Proletarier aller Länger – vereinigt euch!" von Karl Marx zeigt (der einen Wassermann-Aszendenten hatte).

i) Verwendung

Der Wassermann verwendet das Denken, um die Lage der Welt zu erkennen. Dabei neigt er dazu, diesen Zustand von „Bruderschaften" her zu denken: das gute, meist öffentliche eigene Bündnis und das böse, geheime Bündnis, das die Weltherrschaft erlangen will oder sie bereits besitzt. Das Denken soll diese Macht-Strukturen aufdecken und so die eigentlichen Ursachen für den Zustand der menschlichen Zivilisation offenkundig machen. Je nach Ausrichtung kann sich das „Verstehen der Welt" auch in einem astronomischen, biologischen, philosophischen oder religiösen Rahmen bewegen.

j) Niedriges Niveau

Die klassische Art von Irrtümern des Wassermanns sind Arroganz und fehlende Sachlichkeit. Diese beiden Qualitäten unterscheiden den Professor von dem Verschwörungstheoretiker. Diese Sachlichkeit ist dringend notwendig, da man sonst Dinge einfach deshalb glaubt, weil sie besonders exotisch sind und in den Rahmen der eigenen Ängste passen. Wie gut ist es gesichert, dass es die Geheimloge P6 gibt? Wie gut ist es gesichert, dass es UFOs gibt? Wie gesichert ist es, dass die Erde eine Hohlkugel ist? Es ist hier von grundlegender Bedeutung, gesicherte Fakten von Hypothesen zu unterscheiden. Man braucht Hypothesen, um forschen zu können, aber man braucht auch sichere Beweise, um nicht den Realitätskontakt zu verlieren.

k) Hohes Niveau

Überdurchschnittlich begabte Wassermänner erkennt man daran, dass sie Weitblick und eine große Kreativität im Denken haben, dass sie sich jede Möglichkeit und Theorie genau betrachten, ihre Wahrscheinlichkeit einschätzen, die Möglichkeiten eines Beweises oder einer Widerlegung einschätzen und zudem die Wichtigkeit des Ergebnisses prüfen – und sich dann mit dem Thema näher befassen oder auch nicht. Sie blicken weit und erkennen die vielen Möglichkeiten und das Entwicklungspotential. Sie werden oft zu Lehren und Professoren und zu berühmten Erfindern und Entdeckern.

l) Bild

Der Wassermann denkt stets hoch und weit – und wenn es eine Möglichkeit gibt, das Ergebnis auf eine leicht absurd erscheinende Weise darzustellen, werden sie diese Möglichkeit nicht ungenutzt lassen. Sie genießen den Gag und fliegen dabei manchmal in solch einer Höhe, dass ihnen nur wenige folgen können. Der „zerstreute Professor", der „verrückte Erfinder" und der „die Welt verbessernde Revolutionär" sind vermutlich die drei bekanntesten Urbilder dieses Denk-Stiles. Sie finden das Neue – das mal sehr hilfreich und mal zerstörerisch sein kann. Sie sind von dem Großen fasziniert – wie in „Harry Potter" der Zauberstab-Hersteller Mr. Ollivander, der von Voldemorts magischen Leistung fasziniert ist.

12. teilnehmend

$\mathcal{H}$

Die Fische-Art des Denkens schaut auf den Gesamteindruck, den etwas macht. Dieses Denken ist emotional und beeindruckbar. Meistens reagiert es eher als das es von sich aus eine Sache erforscht. Es vermeidet Konflikte und Widersprüche und sucht stattdessen nach dem Weg des geringsten Widerstandes und geht den Hindernissen aus dem Weg. Dieses Denken schaut auf die Welt – nicht nur auf die Menschen in der näheren Umgebung, sondern auf alle Menschen und auch auf die Tiere, Pflanzen und Steine, auf den Wind, die Wolken, die Sonne und die Sterne. Er betrachtet ausgiebig die Formen in den Wolken, in dem Sand am Flussufer, in den Adern in den Steinen und im Flug der Vögel. Auf diese Weise erkennt er, wie sich Dinge entwickeln und formen. Dieses Vorgehen wird auch von Rudolf Steiner empfohlen, der von seinem Sternzeichen her ein Fisch gewesen ist. Das Fische-Denken strebt nach Harmonie, nach dem „leben und leben-lassen". Dieses Denken wird von Emotionen überzeugt – am meisten von denjenigen, die sich sehr oft wiederholen. Da der Fisch immer auf das Ganze schaut und sich als Teil des Ganzen erlebt, ist er sehr kooperativ. Er gehört zwar zu denen, die vertrauen, aber er ist nicht naïv und betrachtet die Flasche daher lieber als „halbleer" und nicht als „halbvoll".

a) <u>Motivation</u>

Der Fisch will mit dem Leben fließen. Daher strebt er danach, mit seinem Denken die Art des Fließens des Lebens zu erfassen – die Dynamiken, die Rhythmen, die Windungen, die Quellen, die Wasserfälle, die Tümpel, die Stromschnellen, die Nebel usw., die das Leben so alles bilden kann. Dabei sucht er nicht so sehr nach genauen Definitionen, sondern nach einem Erfassen der Bewegungen und wann sie auftreten, sodass er sein Boot durch die vielen verschiedenen Gewässer steuern kann.

b) Zufriedenheit

Der Fische ist mit seinem Denken zufrieden, wenn er sein Boot einigermaßen ruhig halten kann und durch eine angenehme Gegend fahren kann. Er sucht nicht nach abstrakten Erkennen von Strukturen, sondern nach einem lebensnahmen Erspüren-können von Dynamiken. Er schaut weniger nach dem, wie es gerade ist, sondern mehr nach dem, in das es sich gerade verwandeln will. Dabei sieht er sich nicht als von dem, was ihn umgibt, isoliert, sondern als einen integralen Bestandteil des Ganzen. Das Fließen ist also auch eine Bewegung, die auch in ihm selber ist. Wenn er dieses Fließen begreifen und durch kleine Bewegungen in eine für ihn gute Richtung lenken kann, ist er zufrieden. Doch er denkt nie nur an sich selber, sondern immer an alle und daran, wie es ihnen gut gehen könnte.

c) Beweglichkeit

Der Fisch kann sich auf jede Situation einstellen und sich so bewegen, dass ihm nichts zustößt. Er denkt eigentlich nicht beweglich sondern eher einfühlsam, was keine intellektuelle, sondern eine emotionale Beweglichkeit ist. Doch auf diese Weise begreift er, was vor sich geht und was er Sinnvolles tun sollte, damit er trotz der Turbulenzen an sein Ziel gelangt. Seine Begriffe sind eigentlich Bilder von Abläufen und Folgen von Zuständen und Mustern, die diese Vorgänge hinterlassen, oder Mustern, die diese Vorgänge ankündigen.

d) Einheiten

Die Grundeinheiten, in denen der Fische denkt, sind fließende Formen, also letztlich Verwandlungen. Daher ist für ihn das „I Ging", dessen Name auf Deutsch „Buch der Wandlungen" bedeutet, eine Inspiration und ein hilfreicher Begleiter. Durch diese Sichtweise ist er in der Lage, komplexe Abläufe, die sich in ihren Einzelheiten nicht wirklich präzise erfassen lass, trotzdem durch den Gesamteindruck, den sie machen, zu erfassen – wie z.B. das Wetter. Er sieht also keine Einzelheiten, sondern ein Kontinuum und dessen Bewegungen. Daher kann er auch in der Regel gar nicht sagen, warum eine Sache so und nicht anders einschätzt: „Es klingt so, es riecht danach, es sieht danach aus …" Daher kann er seine Ansichten nur selten präzise begründen – man kann lediglich sehen, dass er die Dinge richtig einschätzt …

e) Verknüpfungen

Der Fisch verbindet zwei Informationen miteinander, indem er sie beide vor dem Hintergrund der Gesamtsituation betrachtet. Er achtet dabei auch nicht auf Formen, sondern eher auf den Zusammenklang, auf die Bewegungen, die sie machen – und er betont, dass man die Verbindung zwischen ihnen nicht ohne die Gesamtsituation, in der die beiden Informationen stehen, verstehen und richtig beurteilen kann. Er betrachtet, wie das eine auf das andere wirkt, wie beide auf die Umgebung wirken und wie die Umgebung auf die beiden wirkt – doch auch das wird nicht einzeln, sondern als Ganzes betrachtet.

f) Qualitäten

Die Qualitäten, an denen sich der Fisch beim Denken orientiert, sind die Festigkeit und die Formbarkeit, der Aufbruch und das zur-Ruhe-kommen, die Ruhe oder das sich-Ankündigen eines Wandels, das Wachsen oder das Auflösen. Dadurch kann er Entwicklungen schon ahnen, bevor sie für die anderen sichtbar werden – er sieht die kleinen Verfärbungen, leichte Missklänge, ein Rumoren im Verborgenen, ein Eintrüben der Sichtbarkeit und ähnliches mehr. Für die Außenstehenden erscheint diese Art des Denkens oft intuitiv, doch es ist ein wachsames und zugleich leicht träumerisches Spüren – „träumerisch", weil es mit unscharfem Blick auf das Ganze schaut. Dieses Denken benutzt das Gesamtbild und das Fernrohr, um das Detail vor den eigenen Füßen richtig einschätzen zu können.

g) Weltbild

Der Fische sieht die Welt als fließende Farben, als sich mischende Töne, als sich überlagernde Düfte, als buntes Gemisch von Eindrücken. Daher kann er sein Weltbild eigentlich nicht wirklich beschreiben, sondern nur auf die Stimmung, die dieses Weltbild ausstrahlt, hinweisen – wobei sich diese Stimmung natürlich auch mal ändern kann. Sein Weltbild ist eher ein allgemeines Lebensgefühl als eine genaue Beschreibung der Welt. Solch ein Weltbild ist für eine generelle Orientierung ausgesprochen hilfreich. Dies ist der Blick des Kapitäns eines Dreimasters, der Wind, Wolken, Strömungen, Wellengang, die Färbung des Himmels, den Geruch in der Luft und noch vieles anderes wahrnimmt und daran erkennen kann, ob er die Segel ein wenig schräger stellen oder das Ruder ein wenig drehen lassen sollte.

h) Gemeinschaft

In einer Gemeinschaft hat der Fisch durch seine Art des Denkens die Aufgabe, das Ganze und seinen Zustand zu erfassen und frühzeitig zu spüren, wenn etwas nicht stimmt. Doch er kann auch jemand sein, der die vielen Einzelnen zu einer Gemeinschaft verbindet – wobei er dafür eigentlich nichts Bestimmtes tut, sondern diese Wirkung einfach dadurch hat, dass er da ist. Manchmal hat er auch das Talent, die Stimmung in der Gemeinschaft zu formen. Bei all diesen Wirkungen bleibt er in der Regel unauffällig – man merkt nicht, wenn er da ist, doch es fällt auf, wenn er fehlt.

i) Verwendung

Die Fische verwendet das Denken, um Orientierung zu erhalten, um die Qualität der Zeit zu erfassen, um die Strömungen in der Politik zu erkennen, um den Wandel der Welt zu spüren und dann sinnvolle Entscheidungen treffen zu können. Durch diese Art des Denkens haben sie manchmal etwas Schlafwandlerisches an sich und man fragt sich, wieso sie eigentlich klarkommen – das liegt eben daran, dass sie den Zustand des Ganzen sehen und sich an diesem Zustand orientieren. Man sollte Fische daher nicht unbedingt nach Details fragen, sondern lieber nach einer Einschätzung der Entwicklungstendenz.

j) Niedriges Niveau

Die klassische Art von Irrtümern der Fische sind Ungenauigkeit, Schlamperei, das Übersehen von wichtigen Details und eine gewisse Lethargie, was wichtige, aber unangenehme Entscheidungen angeht. Es kommt auch vor, dass er sich für etwas bzw. für andere aufopfert und dann in einen Burnout gerät. Sein Erspüren der Verwandlungen kann auch zu einem schwammigen Ahnen verflachen, das ihm nicht wirklich weiterhilft. Manchmal ist ihnen das Denken auch ganz einfach zu mühsam, sodass sie sich einfach treiben lassen – es wird schon gut gehen. Erstaunlicherweise geht es auch oft gut, weil ihr Gespür für die Situation sie dann doch noch im letzten Augenblick rettet.

k) Hohes Niveau

Überdurchschnittlich begabte Fische erkennt man daran, dass sie zu zwar sehr allgemeinen, aber trotzdem zutreffenden Einschätzungen in der Lage sind. Sie sind auch in der Lage, die verschiedensten Dinge gleichzeitig zu betrachten, zwischen denen andere überhaupt keinen Zusammenhang sehen, und können dadurch zu einer vollständigeren und besser abgesicherten Einschätzung einer Lage kommen – oder den Zusammenhang zwischen zwei anscheinend völlig unabhängigen Dingen erkennen. Sie sind sehr empathisch und können sich gut in andere hineinversetzen, was es ihnen leicht macht, dem anderen etwas zu erklären.

l) Bild

Der Fisch denkt meist eher sympathisch-zustimmend als antipathisch-kritisch. In seinem Sprechen achtet er auch darauf, mit wem er spricht und was er bei dem Zuhörer an Wissen und an Emotionen voraussetzen kann. Entsprechend wird er die „Farbe" wählen, in der er zu ihm spricht. Der Fisch hat ein einfühlsames Denken, eine auf den anderen zugehende Sprache und eine bildhafte Weise des Schreibens, in der er viele Adjektive und bildhafte Umschreibungen verwendet, da diese die vielen verschiedenen Stimmungen, an denen er sich orientiert, am besten wiedergeben können. Er ist freundlich und gibt viele Anregungen, von denen man erst viel später erkennt, wie wichtig sie sind.

Bücher von Harry Eilenstein

Magie für Anfänger
- Telepathie für Anfänger (60 S.)
- Telepathie für Fortgeschrittene (52 S.)
- Telekinese für Anfänger (52 S.)
- Analogien für Anfänger (56 S.)
- Omen und Orakel für Anfänger (52 S.)
- Lebenskraft für Anfänger (60 S.)
- Meditation für Anfänger (56 S.)
- Kundalini für Anfänger (100 S.)
- Hypnose für Anfänger (56 S.)
- Kampfmagie für Anfänger (172 S.)
- Auto-Movement für Anfänger (56 S.)
- Chakra-Magie für Anfänger (148 S.)
- Astralreisen für Anfänger (56 S.)
- Astrologie für Anfänger (120 S.)
- Astrologische Quadrate für Fortgeschrittene (72 S.)
- Partnerhoroskope für Anfänger (100 S.)
- Silberschnüre für Anfänger (52 S.)
- Zaubersprüche für Anfänger (60 S.)
- Ritual-Magie für Anfänger (56 S.)
- Mandalas für Anfänger (68 S.)
- Geldzauber für Anfänger (56 S.)
- Liebeszauber für Anfänger (52 S.)
- Invokationen für Anfänger (52 S.)
- Evokationen für Anfänger (60 S.)
- Geister für Anfänger (52 S.)
- Elfen für Anfänger (56 S.)
- Magie-Forschung für Anfänger (140 S.)
- Magie-Romantik für Anfänger (60 S.)
- Selbsterkenntnis für Anfänger (52 S.)
- Einweihungen für Anfänger (60 S.)
- Drogen-Kabbala für Anfänger (216 S.)
- Zahlensymbolik für Anfänger (60 S.)
- Die Sprache des Mondes – für Anfänger (116 S.)
- Zaubergesänge für Anfänger (100 S.)
- Zukunftschau für Anfänger (60 S.)
- Schamanismus für Anfänger (52 S.)
- Schwitzhütten für Anfänger (52 S.)
- Magische Gegenstände für Anfänger (68 S.)
- Übertragungen für Anfänger (68 S.)
- Zaubertränke für Anfänger (64 S.)
- Magie-Gesten für Anfänger (252 S.)
- Da'ath-Magie für Anfänger (64 S.)
- Magie-Heilungen für Anfänger (68 S.)
- Kornkreise für Anfänger (348 S.)
- Feng Shui für Anfänger (96 S.)
- Tao für Anfänger (112 S.)
- Magie für Anfänger – Sammelband   I (696 S.)
- Magie für Anfänger – Sammelband II (664 S.)
- Magie für Anfänger – Sammelband III (580 S.)
- Magie für Anfänger – Sammelband IV (700 S.)
- Magie für Anfänger – Sammelband V (676 S.)
- Magie für Anfänger – Sammelband VI (640 S.)

Magie
- Handbuch für Zauberlehrlinge (408 S.)
- Wie man das Pentagramm-Ritual zum Leben erweckt (308 S.)
- Tarot (104 S.)
- Physik und Magie (184 S.)
- Die Synthese von Physik und Magie (200S.)
- Die Magie-Formel (156 S.)
- Schwarze Löcher in der Magie (56 S.)
- Krafttiere – Tiergöttinnen – Tiertänze (112 S.)
- Schwitzhütten (524 S.)
- Mythen und Magie der Harfe (116 S.)
- Drei Adeptus Major Rituale (192 S.)
- Drei Adeptus Exemptus Rituale (120 S.)
- Zwei Infans Abyssi Rituale (128 S.)

Traumreisen
- Traumreisen zu Heilpflanzen (700 S.)
- Traumreisen zum kabbalistischen Lebensbaum (132 S.)

Meditation
- Der Lebenskraftkörper (230 S.)
- Die Chakren (100 S.)
- Das Chakren-System mit den Nebenchakren (296 S.)
- Organe und Chakren (64 S.)
- Die platonischen Körper in den Chakren (156 S.)
- Meditation (140 S.)
- Drachenfeuer (124 S.)
- Kundalini I (676 S.)
- Kundalini II (672 S.)
- Reinkarnation (156 S.)
- einsgerichtet (140 S.)

Astrologie
- Astrologie (496 S.)
- Photo-Astrologie (428 S.)
- Die astrologischen Aspekte (88 S.)
- Horoskop und Seele (120 S.)

Kabbala
- Kursus der praktischen Kabbala (150 S.)
- Eltern der Erde (450 S.)
- Blüten des Lebensbaumes:
    1. Die Struktur des kabbalistischen Lebensbaumes (370 S.)
    2. Der kabbalistische Lebensbaum als Forschungshilfsmittel (580 S.)
    3. Der kabbalistische Lebensbaum als spirituelle Landkarte (520 S.)
- Logik und Wirkung der Analogie (700 S.)

Eilenstein, Frater V.D., Knecht, Büdenbender
- Magie heute – Berichte aus der Praxis (288 S.)

Büdenbender, Eilenstein
- Chaos, Alk und Magic (436 S.)

Germanen

nicht Teil der Germanen-Reihe:

Kelten

Inder

Griechen

die „Anfänger"-Reihe
- The Synthesis of Physics and Magic (192 p.)
- Telepathy for Beginners (60 p.)
- Telepathy for Advanced Learners (52 p.)
- Telekinesis for Beginners (56 p.)
- Life Force for Beginners (76 p.)
- Kundalini for Beginners (104 p.)
- Astral Projection for Beginners (60 p.)
- Meditation for Beginners (60 p.)
- Prophecy for Beginners (60 p.)
- Ritual Magic for Beginners (64 p.)
- Magic Chant for Beginners (108 p.)
- Invocations for Beginners (52 p.)
- Evocations for Beginners (62 p.)
- Auto-Movement for Beginners (60 p.)
- Elves for Beginners (56 p.)
- Hypnosis for Beginners (56 p.)
- Love Magic for Beginners (52 p.)
- Money Magic for Beginners (60 p.)
- Magic Objects for Beginners (64 p.)
- Shamanism for Beginners (52 p.)
- Chakra-Magic for Beginners (148 p.)
- Language of the Moon – for Beginners (128 p.)
- Self Knowledge for Beginners (60 p.)
- Da'ath-Magic for Beginners (64 p.)
- Astrology for Beginners (112 p.)
- Number Symbolism for Beginners (64 p.)
- Mandalas for Beginners (76 p.)
- Crop Circles for Beginners (344 p.)
- Feng Shui for Beginners (96 p.)
- Magic Research for Beginners (140 p.)
- Magic for Beginners – Anthology I (636 p.)
- Magic for Beginners – Anthology II (616 p.)
- Magic for Beginners – Anthology III (684 p.)
- Magic for Beginners – Anthology IV (580 p.)

Eilenstein, Frater V.D., Knecht, Büdenbender
- Living Magic (261 S.) (= „Magie heute")

sonstige englische Ausgaben
- The Biography of the Devil (140 S.)
- The Synthesis of Physics and Magic (192 S.)
- The Chakra-System with the Minor Chakras (304 S.)